KB074589

小人經

지은이 인문연구모임 문이원(文而遠)

문이원은 옛 교훈을 성찰하고 이를 현대적인 그릇에 담아 대중에게 전하려는 문학과 어학 전공자들의 인문연구모임이다. 일찍이 공자는 무문이불원(無文 而不遠)이라고 했다. 글로 남기지 않으면 멀리 가지 못한다, 즉 글로 남겨서 뜻 이 멀리까지 이르게 한다는 말이다. 문이원은 여기에서 그 이름을 따왔다. 그 리고 이 가르침을 바탕으로, 다양한 분야의 전공자들이 한데 모여 고전을 연구 하며 한중 문화의 동시대성을 발견해내고, 여기서 더 나아가 현대적인 재해석 을 시도하고 있다. 옛 성현의 말씀을 함께 공부할수록 고전이 그 자체로 하나 의 역사이자 시대에 따라 얼굴을 달리하는 입체적 교훈이며, 나아가 미래의 나 침반이 될 수 있다는 사실을 실감한다. 문이원은 지금 이 순간에도 마르지 않 는 고전의 샘물을 길어 올리는 재미에 푹 빠져 있으며, 그 성과물을 글로 엮어 부단히 책으로 펴내고 있다. 함께 작업한 책으로 《소서》《반경》《지낭》《장원》 《삼자경》《거스르지 않는다》 등이 있다.

최영희 서울과학기술대학교 문예창작학과 조교수
박지영 연세대학교 중국연구원 전문연구원
문현선 세종대학교 소프트웨어융합대학 초빙교수
문영희 서강대학교 중국문화학과 강사

소인경

小人經

어지러운 세상을 살아가는 소인의 큰 지혜

— 최영희 박지영 문현선 문영희 지음 —

文憲齋
문헌재

그냥 나로서,
살아남아서 사람답기를

"명예나 이익을 추구하는 것이 죄는 아니다."

"부귀영화를 누리는 데는 불변의 법칙이 존재한다."

"군자는 너그러운 마음으로 사람을 사귀며 그 마음을 지키지 못할까 근심한다. 소인은 사사로운 목적으로 사람을 사귀며 그 목적을 이루지 못할까 걱정한다. 군자가 소인을 이길 수 없는 이유가 바로 여기에 있다."

"군자는 어지러운 세상을 벗어나 숨고 소인은 난세에서도 살아남아 성공한다."

인문연구모임 문이원이 처음 《소인경(小人經)》의 구절을 접했을 때 받은 충격은 상당했다. 적잖은 시간 동안 배워왔고, 읽어왔고, 그토록 닮아보고자 신봉해왔던 '군자'에 대한 견고한 이미지가 흐트러지고, 그 자리에 '소인'이 들어앉는 순간이었다. 소인의 특성과 소인으로서 살아남아 영달하는 법으로 가득 찬 이 책은 아이러니하게도 어째서 군자 되기가 그렇게 어려운가에 대해서도 함께 설명하고 있었다.

군자와 소인을 대비시키며 소인의 특징과 강점을 밝히고 있는 《소인경》의 짧은 구절들은 문구마다 촌철살인으로 가득했다. 우리는 그 구절들을 읽으며 설득에는 그다지 긴 말이 필요하지 않다는 사실을 다시 한 번 실감했다.

원저자인 풍도(馮道, 882~954)의 특이한 이력도 문이원 연구자들의 호기심을 자극하기에 충분했다. 《소인경》은 중국 역사에서 난세 중의 난세라고 꼽히는 오대십국(五代十國) 시대에 무려 20여 년간 재상의 자리에 있으면서 열 명의 군주를 모셨던 한 관리의 삶에 관한 이야기이자 그 나름의 처세술을 집약한 기술서이다. 정권이 바뀌면 해당 정권에 복무했던 공직자들을 전부 갈아치우는 것이 일종의 불문율 아니던가. 도대체 무엇이, 풍도의 어떤 매력이 새롭게 나라를 세운 군주들로 하여금 계속해서 그를 등용하도록 만들었을까? 우리는 그 이유를 그가 쓴 책 《소인경》에서 찾아보고자 했다.

풍도는 스스로를 '장락로(長樂老)'라고 부르며 '오래도록 즐거움을 누리며 사는 노인'이 되고자 했다. 한편으로는 슬픈 노릇이지만, 큰 것 한방을 실현하면서 굵고 짧게 살기보다는 소소한 행복을 누리면서 가늘고 길게 오래오래 살아보자는 오늘날의 추세와도 일정 정도 연결되는 지점이라고 하겠다.

돌이켜보면 조금 부끄럽지만, 인문연구모임 문이원은 여러 시대에 걸친 다채로운 고전을 공부해오면서 그래도 미미한 내공과 노하우가 조금은 쌓였을 것이라 생각하고 있었다. 그러나 그런 생각이 오판이었다는 것을 확인하는 데는 그리 오랜 시간이 걸리지 않았다.

문이원이라는 모임이 결성되고 고전이라는 샘에서 쉼없이 물을 길어 올린 지도 올해로 벌써 10년. 강산도 변하게 한다는 시간이 흘렀는데도 《소인경》을 톺아보고 풀어쓰는 작업은 결코 녹록지 않았다. 현대적인 문맥으로 풀어

쓰던 초고를 갈아엎기를 여러 번 반복했다. 또 한편으로는 쉽게 써지지 않는 글이 혹시 어설픈 번역 때문인가 싶어 이미 끝내놓은 번역을 수정하고 재차 수정하고, 다시 현대어로 바꾸기를 역시 수차례 거듭했다. 그리고 약 6년 만에 《소인경》이 책이라는 외투를 입고 마침내 세상에 나오게 되었다.

우리가 6년이라는 시간 동안 《소인경》을 마무리하지 못한 데는 큰 이유가 있다. 《소인경》은 객관적인 자료의 수집과 연구를 통해서 곧바로 이해하고 글을 쓸 수 있는 대상이 아니었다. 그동안 문이원 소속 연구자들은 제도권이 설정해놓은 테두리 안에서 오래도록 공부하면서 군자가 추구하는 가치와 중요성에 대해 관성적으로 습득하고 있었다. 대체로 그동안 우리가 읽어왔던 대부분의 책에서는 군자를 가리켜, 인간이 도달할 수 있는 최고의 경지에 이른 자, 모든 최고의 덕목을 갖춘 자, 말에 치우침이 없고 행동으로 부합하는 자, 어떠한 위협이나 물질에도 흔들리지 않는 강건한 의지의 소유자라고 서술한다. 웬만한 노력으로는 가질 수 없는 것을 가진 자, 그래서 군자가 더 매력적이지 않았던가!

그러나 《소인경》 집필을 위해서는 군자에 대한 단단한 선입견과 고정관념부터 깨부수어야 했다. 좀체 허물어지지 않는 군자에 대한 맹목적이고 긍정적인 신념은 아무리 관련 자료를 찾아 읽고 공부를 해도 《소인경》에 쉽게 다가가지 못하게 하는 장벽이 되었다.

물론 《소인경》의 내용은 너무나도 재미있었지만, 풍도가 평생의 경험을 토대로 써놓은 글귀 하나하나가 문이원의 삶에 스며들지 않은 채로는 글이 제대로 써지지 않았다. 어쩌면 6년의 세월은 문이원 연구자들의 선입견과 고정관념을 허무는 데 들어간 시간이기도 했으며, 향후 문이원의 집필 방향에 대해서도 다각적인 생각을 하도록 만들어준 시간이기도 했다. 또한 연구진들의 유대를 더욱 공고하게 해준 소중한 시간이기도 했다.

그동안 《소인경》과 풍도의 삶에 머물면서 새삼 느낀 것이 있다. 그건 바로 우리 곁에 언제나 지인들이 건네준 따뜻한 격려와 응원의 말들이 있었다는 점이다. 주변 사람들에게 《소인경》을 풀이한 책을 준비 중이라고 얘기하면 열에 아홉은 흥미를 보이며 재미있는 책이 될 것 같다고 답해주었다. 이런 반응에 연구자들도 한껏 고무되어 호기롭게 집필 작업에 뛰어든 것도 사실이다. 하지만 시간은 속절없이 빠르게 흐르고 작업은 너무도 어렵고 더뎠다. 군자라는 두텁고 견고한 벽을 허물고 소인이라는 참신하고도 기댈 만한 벽을 쌓아보고자 했던 우리의 고군분투는 아마도 주변의 성원이 없었다면 불가능했을 것이다.

중국에서는 풍도와 《소인경》에 대한 다양한 역사적 평가와 다각적인 연구물이 누적되고 있지만, 아직 한국 독자에게는 낯선 부분이 있다. 국내에서도 그동안 풍도를 소개하는 단편적인 글은 있었지만 《소인경》 전체의 내용을 번역하여 소개하고 이를 토대로 현대적인 글쓰기를 덧붙인 것은 문이원의 책이 처음이다.

그래서 우리는 《소인경》의 내용을 보다 입체적으로 전달해보고자 기본적인 우리말 번역과 독음을 붙인 원문, 그리고 이를 현대적으로 풀이한 글쓰기 외에 《소인경》 전체에 대한 문이원의 해제를 추가하였다. 해제에는 《구오대사(舊五代史)》〈풍도전〉, 《신오대사(新五代史)》〈풍도전〉에 서술된 풍도와 《소인경》에 대한 중국 학계의 주요한 역사적 평가도 함께 소개하였다. 모쪼록 이러한 구성이 《소인경》의 참뜻을 이해하는 데 충실한 징검다리가 되기를 바

란다. 혹시라도 《소인경》의 독서가 유쾌하지 않다면 그것
은 원전의 맛과 묘미를 제대로 살리지 못한 문이원의 부족
함 탓이다. 부디 독자 여러분의 많은 질타와 조언을 부탁
드린다.

갑진년 벽두에
인문연구모임 문이원 소속 연구자
최영희, 박지영, 문현선, 문영희
함께 씀

높지도 낮지도 않게
빠르지도 느리지도 않게
지나치지도 모자라지도 않게
제자리서 제 할 일을
저답게 하면서 살아가노라면

풍도의 책 《소인경》은 《영고감(榮枯鑑)》이라는 이름으로
도 불린다. '영(榮)'이라는 글자가 꽃나무 가득 흐드러지게
꽃이 피어 불타오르는 듯한 형상을 그린 것이고, '고(枯)'라
는 글자는 풀과 나무가 메말라 시들고 약해지며 결국은 죽
어가는 것을 뜻하는 글자이니만큼, 생기 넘치게 융성하여
잘 살 수 있는 방법과 생기를 잃고 점점 메말라 죽을 수밖
에 없는 이유를 함께 밝힌 글이라 할 수 있다.
 이 책의 저자 풍도는 오대십국 시기의 사람이다. 오대십

국은 글자 그대로 다섯 개 왕조와 열 개의 나라가 뒤섞인 분열과 전란의 시기였다. 장강(長江)을 중심으로 북쪽인 중원에서는 다섯 왕조가 서로 앞뒤를 다투며 일어나거나 스러졌고, 남쪽인 강남 지역에서는 열 개의 나라가 서로 겨루며 경쟁적으로 살아남았다.

네 개 왕조에서 열 명의 황제를 모시다

풍도는 당나라를 멸망으로 이끈 결정적 사건이라 불리는 '황소(黃巢)의 난'이 일어난 지 얼마 되지 않았을 무렵에 태어났다. 그가 태어난 중화(中和) 2년(882년)은 황소의 휘하에 있던 주온(朱溫)이 당나라 조정에 귀순해 '전충(全忠)'이라는 이름을 하사받으며 본격적인 군벌(軍閥) 시대로 접어든 해이기도 했다. 중앙정부가 나라 전체를 총괄하는 컨트롤 타워로서의 역할을 전혀 하지 못하고, 모두가 공적인 정의보다 사적인 이익을 더 노골적으로 추구하던 시대를 맞이한 것이다. 그리고 그런 세상에서 그는 후당(後唐), 후진(後晉), 후한(後漢), 후주(後周)라는 네 개 왕조에서 후당의 장종(莊宗), 명종(明宗), 민제(閔帝), 말제(末帝), 후진의 고조(高祖), 출제(出帝), 후한의 고조(高祖), 은제(隱帝), 후주의 태조(太祖)와 세종(世宗)이라는 열 명의 황제를 모시며 20여 년 동안이나 재상 자리를 지켰다. 황제들의 시호(諡號)에서 확인할 수 있는 것처럼, 그는 후당의 처음과 끝을 보았고, 후진의 처음과 끝을 보았으며, 후한의 처음과 끝을 보았고, 후주라는 새 시대가 열리고 창성하는 것을 보았다.

　재상은 한 나라의 통치자를 보좌하는 관직이다. 즉 임금을 대신해 국정을 보좌하는 최고 행정 책임자를 가리킨다. 임금을 보좌하는 자리이기에 재상이라는 관직은 언제든 임금에 따라 바뀔 수 있다. 통치자의 권력이 이동하면 그를 보좌하는 인력도 바뀌는 것이 상례이기 때문이다. 때에 따라서는 한 임금의 통치 기간 중에도 얼마든지 경질될 수 있다. 그러니 일반적인 상황이었다면, 황제가 바뀌었을 때 그 자리에서 물러날 수밖에 없다. 그런데 풍도는 그런 위기를 넘기며 열 번이나 그 자리를 꿋꿋이 지켰다. "황송하게도 참으로 오래도록 관직에 있으면서 지난날의 고난과 위험에 맞섰으니, 위로는 조종을 드러나게 하고 아래로는 친지를 빛내었다"라고 자부심을 가질 만한 일이다.

살아 있는 생명이
죽은 자의 명예보다 중요하다

살아남기조차 쉽지 않은 격렬한 전란의 시대, 모두가 '난
세(亂世)'라고 부르는 그 시대에는 제 한 목숨 지키는 일조
차 쉽지 않다. 그런데 풍도는 어떻게 그 시대를 살아가면
서 '일인지하 만인지상(一人之下 萬人之上)'의 자리에서 모
든 왕조의 시작과 끝을 지켜볼 수 있었을까? 《영고감》의
〈장락로자서(長樂老自序)〉는 그 이유를 이렇게 적고 있다.

"집안의 뿌리와 자손들도 조용히 생각해보면 산 자와 죽은
자가 모두 영화롭게 되었으니, 모두 나라의 은덕이고 가법
에 충실했기 때문이다. 성인의 가르침을 받들고 교화의 전
통에 따라 가족 안에서는 효를 다하고 나라에는 충을 다했
다. 아래로는 땅을 속이지 않고 가운데서는 사람을 속이지
않으며 위로는 하늘을 속이지 않는 것을 바랄 뿐이다. 이 세
가지를 속이지 않는 것이야말로 본디 변하지 않는 원칙이
다. 가난해도 이렇게 해야 하고, 부귀를 누려도 이렇게 해야
하며, 장성해서도 이렇게 해야 하고, 늙은 뒤에도 이렇게 해

야 한다. 부모를 섬기고 군주를 섬기고 웃어른을 섬기는 것은 사람에 대한 도리이다. 하늘의 베푸심을 관대히 받아 난관을 극복하고 큰 복을 얻었노라. 일찍이 거란에 의해 함락당한 상황에서도 중원으로 돌아올 수 있었던 것은 사람의 지략이 아닌 하늘의 보우하심이었다. 나는 이 세상에서 행운이 따랐던 사람이고, 백 년 후에도 돌아갈 곳이 있으니, 입에 옥구슬을 물지 않고 소박한 차림으로 관에 들어갈 것이며, 양식이 나지 않는 땅을 택해 묻힐 것이다. 이는 옛 인재들에게 미치지 못하는 까닭이다. 양고기로 제사를 지낼 때에는 절대 살아 있는 것을 죽이지 말라. 살아 있는 생명을 해쳐 죽은 자를 제사 지내지 말라. 신위나 위패도 세우지 말라. 하나라, 상나라, 주나라와 같은 고대 왕조에서는 분묘에 비석을 세우지 않았다. 시호도 받지 말라. 나는 시호를 받을 만큼 덕을 세우지 못했다. 또한 제후들을 보필하여 군왕의 재상으로 승격되고 또 거란의 침입이 있었을 때 작은 공을 세운 것은 이미 모두 나라의 역사에 기록되었다. 내가 쓴 글들은 산실된 것을 제외하고는 모두 모아 가집(家集)으로 엮도록 하라. 그 가운데서 나의 뜻을 발견하는 자는 나를 이해하는 자이며, 나를 나무라는 자는 그 안에 얼마나 많은 뜻이

담겨 있는지 알지 못할 따름이다."

사실 〈자서〉에 적힌 풍도의 말은 지극히 당연한 도리를 풀어 쓴 것처럼 보인다. 다만 어떠한 경우에도 살아 있는 생명이 죽은 자의 명예보다 중요하다는 사실을 거듭 강조한 점만큼은 그 어떤 고전과 비교해도 남다르다.

장락로는 풍도의 호다. 장락현에서 살았다고 하니 '장락의 노인'이라는 뜻도 되겠지만 "때로는 책 한 권을 펼치고, 때로는 술 한 잔을 마시며, 별난 소리와 온갖 빛깔을 다 맛보니, 오늘날 세상에서 편안하게 늙었다 하겠구나! 늙었는데도 스스로 즐거우니 어떤 즐거움이 이와 같으랴!"라고 〈자서〉에 밝히고 있는 것처럼 '오래도록 즐기다'라는 뜻을 담고 있다.

이러한 이름의 뜻은 그의 표자(表字)인 '가도(可道)'에서도 찾아볼 수 있다. 고대에는 관례를 치른 남녀의 이름을 직접 호명할 수 없었다. 그래서 이름 대신 부르기 위해 붙인 것이 표자이다. 표자는 그 사람이 추구하는 가치를 표현하거나 본명의 뜻을 보다 상세히 풀어 붙이는 경우가 많았다. 풍도의 이름은 '도(道)'이고 자는 '가도(可道)'이다. "도라고 부를 수 있는 것은 변치 않는 도가 아니다(道可道, 非常道)"라는 노자 《도덕경》의 첫 구절이 떠오르는 이름이다. 실제로 풍도는 평생 이처럼 도가(道家)적인 가치를 추구하며 살았던 것으로 보인다.

　어려서부터 직접 밭을 갈고 농사를 짓는 집안에서 태어나 그 어려움을 알았기에 흉년이 들 때는 봉록으로 비축한 자금을 모두 털어 지역의 이재민을 구제했고, 풍년이 들었을 때는 〈애달픈 농가의 삶(傷田家)〉과 같은 시를 읊어 군주에게 풍년이 들면 오히려 곡식이 비싸서 농민들이 굶주리는 법이라는 간언을 서슴지 않았다. 흉년이 드나 풍년이 드나 고달플 수밖에 없는 농민들의 삶을 잊지 않을 수 있었던 것은 풍도 자신이 그러한 삶을 직접 경험하고 있었기 때문일 것이다. 어쩌면 "나물 밥 먹고 물을 마시며 팔을 베고 누웠으니 즐거움이 또한 그 안에 있구나!"라고 했던 공자의 '안빈낙도(安貧樂道)'를 꿈꾸었던 것인지도 모르겠다.

결코 쓰러지지 않는 오뚝이처럼

풍도를 부르는 또 다른 이름으로는 '부도옹(不倒翁)', 즉 '쓰러지지 않는 영감'이 있다. 이는 수많은 왕조를 거치면서도 관직을 잃지 않고 심지어는 줄곧 재상의 자리를 유지했던 풍도를 두고 세상 사람들이 붙인 별명이다. '부도옹'은 고대 중국에서 아이들이 가지고 놀던 오뚝이 장난감을 가리키는 이름이기도 하다. 오뚝이의 얼굴을 수염 난 할아버지의 형상으로 그렸기에 그런 이름을 붙였던 것이다. 그러나 풍도가 네 개 왕조 열 명의 황제를 모시며 줄곧 재상의 자리를 지켰다 하더라도 그의 삶이 늘 평탄했던 것만은 아니다.

당나라의 마지막 연호였던 천우 연간(904~907), 이제 막 약관의 나이를 넘어선 풍도는 유주(幽州) 절도사 유수광(劉守光)의 휘하에 들었다. 나중에 유수광이 스스로를 대연황제(大燕皇帝)라 칭하고 건화(乾化)라는 연호를 내세우며 출정하고자 할 때 풍도는 그에게 간언을 아끼지 않다가 옥에 갇히는 신세가 되었다. 아직 서른이 되지 않았던 시절의 풍도는 나중에 "염치를 알지 못한다(不知廉恥)"던 구양수

(歐陽脩)와 "간신의 으뜸(奸臣之優)"이라던 사마광(司馬光)의 신랄한 비난과는 어울리지 않을 만큼 강직했던 모양이다. 어쩌면 그 사건이 풍도의 가치관이나 처세관을 크게 바꾸었을지 모르겠다. 알고 모르는 것은 듣는 사람에게 달려 있는 것이지 말하는 사람에게 달려 있는 게 아니라는 깨달음을 얻었을 만한 경험이었다.

때로는 남이 '나'보다 더 '나'를 잘 안다고 했던가. 풍도의 일생을 톺아보건대, 안빈낙도를 꿈꾸는 '장락로'보다 '오뚝이'라는 별명이 더 어울리는 것처럼 보이는 것이 사실이다. 질풍노도의 오대십국을 살았던 그 누구보다 승승장구한 듯 보이는 풍도이고, 스무 해가 넘도록 재상의 자리를 지켰다고는 하지만, 언제나 편안하게 벼슬을 지키며 영화를 누렸던 것은 아니었다. 때로는 적군의 포로가 될 위험을 겪었고, 반란군의 습격을 받았고, 모함을 받아 지방으로 좌천되기도 하고, 목숨을 내놓고 적국에 사신으로 가기도 했다.

풍도가 오대의 여러 왕조에서 재상의 자리를 지켰던 것은 가문의 배경이나 재물이 있어서가 아니다. 후당의 장종이 하북을 제패했을 때는 풍도 혼자서 그 문서와 관련된 업무를 도맡았다고 하니 업무를 처리하는 능력이 남달랐다고 할 수 있다. 또한 남아 있는 기록을 보면 군주의 결정이 옳지 않을 때는 직언을 서슴지 않는 경향이 있었다.《구오대사》〈풍도전〉에는 풍도가 후당 장종, 후당 명종, 후주 세종과 나눈 대화들이 적혀 있는데, 풍도가 매번 군주 앞에서 직언을 서슴지 않았다는 점을 알 수 있다.

그러나 그는 또한 간언을 할 때 상대의 성정을 헤아려 듣기 좋게 에둘러 말할 줄 아는 지혜도 지니고 있었다. 거란이 중원을 노리자 후진의 고조는 풍도를 사신으로 보냈다. 이때 거란 황제는 풍도를 존중하여 직접 교외까지 마중을 나서려다가 근신들에게 제지를 당했다고 한다. 이후 결국 거란 황제가 중원을 침략하고 풍도에게 "천하의 백성은 어떻게 구제할 수 있는가?"라고 물었을 때, 풍도는 "지금 천하의 백성은 부처님이 다시 나와도 구할 수 없고 오직 (거란의) 황제께서만 구할 수 있습니다"라고 담담하게 답했다. 거란의 지배 아래서도 중원 사람들이 생명을 구하고 그 문화를 지킬 수 있었던 것은 풍도의 이 한마디 덕분이었다고 할 수 있다.

그럼에도 불구하고, 풍도는 결코 자신의 공을 스스로 밝히거나 크게 부풀리지 않았다. 또한 자신의 능력을 평가 절하하지도 않았다.

"폐하께서는 여러 어려움을 겪으시며 대업을 이루셨고, 전략과 무공에서 신의 경지에 이르렀음은 천하가 다 아는 사실입니다. 복종하지 않는 자를 정벌하는 일이라면 폐하께서 홀로 결단을 내리시면 됩니다. 신은 본디 글공부하는 선비로서 폐하를 위해 중서성에서 일하며 대대로 내려오는 법규를 지키며 감히 추호의 실수도 없도록 노력할 뿐입니다. 선 왕조의 군주를 모시면서도 일찍이 군사와 전쟁에 대한 일을 하문하셨을 때도 이와 같이 답하였습니다."

무인들의 시대에 문신인 풍도가 줄곧 재상의 자리를 지킬 수 있었던 이유가 여기에 있다. 무인 군주들은 문신 행정관을 필요로 했다. 그리고 그 자리에서 최고의 능력을 발휘할 수 있는 사람으로 풍도보다 나은 인물을 찾을 수 없었던 것이다.

이 어지러운 세상을 어떻게 살 것인가

풍도가 이러한 일생의 지혜를 담은 책이 바로 《소인경》이다. 《소인경》에는 무인의 시대에 문신으로서 최고의 지위에 올랐고, 또한 그 자리를 누구보다 오랫동안 지켜왔던 사람으로서의 지혜가 담겨 있다. 즉 《소인경》이라는 책은 생명의 위협이 끊이지 않는 극악한 삶의 조건에서, 세상에서 가장 필요로 하는 능력을 갖추지 못한 사람이 어떻게 잘 살아남을 수 있는지를 말한다.

〈원통(圓通)〉에서는 명분이나 명예, 즉 '선'이나 '악', '군자' 또는 '소인'이라는 이름이 중요한 것이 아니라, 그 이름에 담긴 실질이 중요하다는 점을 말했다. 즉 실질이 있다면 이름이 그에 부합하지 않는다 하더라도 결코 연연할 필요가 없다.

〈문달(聞達)〉에서는 출세하고 싶다면 무조건 실력을 갖추어야 하며 업무에 직접 연관이 없는 인간적 배려는 오히려 자제하는 것이 좋다는 점을 거듭 강조했다.

〈해액(解厄)〉에서는 문제가 발생했을 때 이를 해결할 수 있는 방법을 이야기한다. 살아가다 보면 여러 가지 사건

사고와 맞닥뜨리게 된다. 문제가 발생하지 않는 것은 운과 관련이 있지만, 닥친 문제를 해결하는 것은 당사자의 능력과 관계가 있다. 이 경우에도 명분이나 자존심을 내세우는 것은 방법이 아니다. 언제라도 고개를 숙이고 부탁할 수 있는 능력, 이해관계에 따라 서로 도움을 주고받을 수 있는 능력을 확보하는 일은 중요하다. 아무리 뛰어난 사람이라도 혼자 해결할 수 없는 문제가 있기 때문이다.

〈교결(交結)〉에서는 인맥 관리의 기술을 말한다. 풍도가 후당 명종의 총애를 받아 거듭 승진을 하던 무렵에는 집안이 미천하고 가난한데 재능이 있거나 지식이 풍부한 사람은 모두 임용되었다고 한다. 풍도가 재상 자리를 오래 지킬 수 있었던 것은 혼자서 탁월하게 능력이 출중했기 때문만은 아니다.

〈절의(節義)〉에서는 절개를 지키는 것도 현실적인 조건을 고려해야 하며, 현실에서 살아남아야만 공공의 정의도 실현할 수 있다는 지혜를 전한다.

〈명감(明鑑)〉에서는 사실을 잘 살피고 사람을 잘 헤아리는 것만큼 중요한 일이 없다는 점을 강조한다. 첫째는 스스로 삼가는 것이 방법이고, 둘째는 사람이든 사물이든 믿을 수 있는 것을 잘 고르는 것이 방법이다. 세상의 모든 간교함이 나를 공격할 때 혼자서만 원칙을 고수하는 것은 방법이 아니다. 운명은 정해진 것이고 세상은 믿을 수 없으니 모든 것은 '자기 스스로' 헤쳐나가야 한다. 도움을 받는 것과 의탁하는 것은 다르다. 일은 가장 잘 아는 사람이 하는 것이 가장 안전하다. 내 일은 내가 가장 잘 알고, 또 그래야만 한다.

〈방언(謗言)〉에서는 나쁜 소문에 대처하는 자세를 말하고 있다. 내가 아무리 잘 해도 나에 대한 말은 생기기 마련이다. 솔직한 마음으로 진심 어린 충고를 많이 할수록 거부감을 느끼는 사람도 늘어나고, 지위가 높아지고 만나는 사람이 많을수록 소문은 커진다. 곤경에 빠지지 않는 것이 가장 좋은 일이지만, 나쁜 소문을 피할 수 있는 사람은 없다. 소문은 실체도 없고 뿌리도 없는 것이라 대처하기가 어렵다. 어지간한 노력으로는 바로잡을 수 있는 것이 아니다. 그래서 소문에 대처하지 말고 실질에 대처해야 한다. 문제를 해결하면 소문은 점차 잦아들고 잊힌다. 소문이 무성해지더라도 실질이 분명한 경우 바로잡을 근거가 생긴다. 변명은 소문을 키울 뿐이다.

〈시위(示僞)〉에서는 실질에 상응하는 형식을 이야기한다. 실질이 그 실질만큼의 효과를 낼 수 있으려면 형식이 필요하다. 겉치레가 문제되는 것이 아니라 겉치레만 있는 것이 문제다. 제아무리 좋은 물건이라도 거적에 싸서 준다면 허드레로밖에는 안 보이는 것이다.

〈항심(降心)〉에서는 사람을 승복시켜 마음을 사로잡는 법을 말한다. 대세에 따르고 속을 너무 드러내지 않으며 적을 만들지 않는 것이야말로 난세를 살아가는 처세의 근본이다.

마지막 〈췌지(揣知)〉에서는 《소인경》 전체를 관통하는 지혜를 논한다. 잘 살피고 잘 헤아리는 것은 모든 일의 근본이다. 사람을 대하는 일도 마찬가지다. 누군가를 마음속까지 꿰뚫어 알게 되면 해내지 못할 일이 없다. 그러나 아는 것을 모두 드러낼 필요는 없다. 내가 아는 것을 드러내지 않고 남을 헤아릴 수 있다면 어떤 문제든 해결할 수 있게 되는 것이다. 의심하라. 그래야 진짜와 가짜를 가릴 수 있다. 귀한 사람과 인연을 맺어야 한다. 그래야 문제를 최소화할 수 있다.

풍도는 후손들에게 자신이 죽은 뒤 오직 한 가지 일만을 부탁했다. 즉 평생 썼던 모든 글을 모아 '가집'으로 엮도록 한 것이다. '가집'은 집안사람들을 위한 책이다. 집안사람들을 위한 책을 지어 아는 사람은 알고 모르는 사람은 모르는 뜻을 전하고자 했다. 그러니 부도옹이자 장락로였던 풍도의 참뜻을 알고자 하면, 그의 행적이 아니라 그의 글을 살펴야 할 것이다. 풍도의 말과 같이, 알고 모르는 것은 읽는 사람에게 달려 있다.

차 례

1장

두루두루 통하는 법

圓通

원통
圓通

선과 악은 그저 이름에 불과하다. 지혜로운 사람은 선악이라는 이름에 결코 얽매이지 않는다. 시대에 따라 세상은 변하기 마련이지만 시간이 흘러도 변함없는 이치는 분명 존재한다. 이런 이치를 깨닫고 버리지 않는 사람이 바로 현명한 사람이다. 세상의 상식과 예의가 달라져서 보편적 도리가 통하지 않는 것처럼 보일지라도 변화의 흐름을 이해하고 나를 바꿀 수 있다면 걱정할 필요가 없다.

이름에 얽매이면 이름 때문에 잘못될 수 있다. 명분도 마찬가지다. 허울뿐인 명분도 있기 때문이다. 드러나는 것에만 집착하지 않고 그 안의 핵심을 꿰뚫는다면 본질을 지킬 수 있다. 명예나 이익을 추구하는 것이 죄는 아니다. 사람이 그것을 어떻게 다루느냐, 어떻게 여기느냐가 죄를 만들 뿐이다.

군자로 불린다고 해서 다 고귀한 것은 아니고 소인으로 불린다고 해서 다 비천한 것도 아니다. 지위나 신분의 고하는 단지 세상이 부여한 이름에 지나지 않는다. 군자라고 해서 더 얻는 것도 없고 소인이라고 해서 더 잃는 것도 없다. 군자든 소인이든 실제적인 득실은 인격에 따라 달라지지 않는다. 이름은 헛된 것이고 이익은 실질적인 유혹이다. 그러나 사람은 어느 쪽도 거부하기 어렵다.

목표를 달성해 활짝 꽃피운다면 군자가 될 수도 있지만 기회를 얻지 못해 바싹 메말라 시들면 소인으로 남을 수밖에 없다. 군자로 불릴 수 있는 사람은 드물고 소인이라 부를 수 있는 사람은 많기에 군자는 소인을 수적으로 대적할 수 없다.

이름은 바꿀 수 있지만 객관적인 사실은 바꾸기 어렵고, 마음은 바꿀 수 있지만 현실적인 조건은 바꾸기 어렵다. 어째서 군자에는 미련을 두지 않으면서 소인으로 불리는 것은 유독 두려워하는가!

圓通 卷一
원통 권일

善惡有名, 智者不拘也. 天理有常, 明者不棄也.
선악유명 지자불구야 천리유상 명자불기야

道之靡通, 易者無虞也.
도지미통 역자무우야

惜名者傷其名, 惜身者全其身.
석명자상기명 석신자전기신

名利無咎, 逐之非罪, 過乃人也.
명리무구 축지비죄 과내인야

君子非貴, 小人非賤, 貴賤莫以名世.
군자비귀 소인비천 귀천막이명세

君子無得, 小人無失, 得失無由心也.
군자무득 소인무실 득실무유심야

名者皆虛, 利者惑人, 人所難拒哉.
명자개허 이자혹인 인소난거재

榮或爲君子, 枯必爲小人.
영혹위군자 고필위소인

君子無及, 小人乃衆, 衆不可敵矣.
군자무급 소인내중 중불가적의

名可易, 事難易也, 心可易, 命難易也,
명가역 사난역야 심가역 명난역야

人不患君子, 何患小人焉?
인불환군자 하환소인언

두루 통하고 싶다면
얽매이지 마라

동양 고전의 핵심은 '도(道)'로 집약된다. 여기서 도는 크게 두 갈래로 바라볼 수 있다. 유가(儒家)에서 말하는 '성인들의 도'와 도가(道家)에서 말하는 '자연의 도'이다. 유가에서의 도가 인간이 궁극적으로 추구해야 할 길이라면, 도가에서의 도는 자연 그대로의 길을 가리킨다. 유가의 도가 성인들이 고심 끝에 궁리해낸 사람의 도리이자 규율이라면, 도가의 도는 처음부터 우리에게 주어진 자연 운행의 원리이자 만물의 본래 상태이다. 어쨌든 유가든 도가든 도를 통해 세상을 바라보고자 했으며, 세상 질서를 바로잡는 중심에 도를 놓았다는 점이 공통적이라 할 수 있다.

사전에서 '통달(通達)'의 첫 번째 뜻은 "막힘없이 환히 통한다"이다. 《소인경》의 첫 번째 장의 제목인 원통(圓通)은 막힘없이 환히 통하는 선순환을 의미한다. 도가에서 있는 그대로의 도를 따라야 한다고 역설하는 것은 그렇게 했을 때 내 생각을 상대에게 강요하지 않고, 또 내 생각에 따라 상대를 변화시키려 하지 않아서 타인의 입장이나 마음을 더욱 잘 이해하게 되기 때문이다.

내 주장을 관철하고자 일방적으로 설득하기보다는 그저 마음을 비운 채 상대방을 있는 그대로 받아들이는 태도를 견지한다면 어느 순간 상대방도 마음을 열고 스스로 다가오게 된다. 그러면 자연스럽게 상대와 통하고, 그렇게 모두와 통하면 마침내 세상과 통하는 단계에 도달할 수 있는 것이다.

누구에게도 원한을 사지 않는다

풍도 처세학의 핵심을 한마디로 정의한다면 무엇일까. 바로 '그 누구에게도 원한을 사지 않는다'는 데 있다. 다른 사람과 갈등을 만들지 말라는 것은 술에 술 탄 듯 물에 물 탄 듯 매사를 우유부단하게 대충대충하라는 뜻이 아니다. 중국 최고 병법서로 손꼽히는《손자병법(孫子兵法)》과 삼국 시대의 영웅 제갈량이 쓴 병법서《장원(將苑)》에는 리더에게 꼭 필요한 지혜 가운데 하나로서 삼재, 즉 하늘과 땅 그리고 '사람'의 뜻과 흐름을 제대로 읽은 후 이를 거스르지 않아야 한다고 꼽았다. 이들 고대의 병법서는 그래야 비로소 승리를 쟁취할 수 있다고 강조한다. 이런 관점에서, 병법서는 곧 사람을 다루는 용인술의 집약서로 읽히며, 그래서 오늘날의 처세학이나 자기계발서가 주장하는 바와도 연결되는 지점이 있다.

《소인경》은 다른 사람의 반응에 대응하느라, 또 타인의 의견에 대립하느라 자신의 에너지를 낭비하고 적을 만드는 대신, 타인의 입장을 그대로 이해하고 받아들여 마침내 '원통'하는 경지에 이르라고 설파한다. 어제의 친구가 오늘의 적이 될 수 있듯이, 적과 친구는 언제나 뒤바뀔 수 있는 존재이다. 거스르지 않으면 친구가 되고 거스르면 곧장 적이 된다.

풍도는 스스로가 타인과 원한 관계를 만들지 않음으로써 미움이나 반감을 사지 않았다. 풍도가 살았던 시대는 왕조들의 존속 기간이 짧게는 4년, 길어야 14년에 불과했던 오대십국이라는 난세였다. 그런 난세를 살면서도 풍도는 약 50년 동안 관직에 있었고 그중 20여 년은 재상을 역임했다. 정권이 바뀌면 참모진도 함께 내쳐지기 마련이라는 불문율이 틀렸음을 보기 좋게 입증한 산증인이 된 셈이다. 화복(禍福)이란 운명으로 결정되는 게 아니라 우리 스스로 마음먹기에 따라 얼마든지 만들어낼 수 있음을 그는 자신의 온 삶을 통해 증명해 보였다.

어떤 가치는
단지 이름에 지나지 않는다

오늘날 중생을 애달프게 하는 것들은 학벌, 직업, 직위, 자산, 브랜드 등의 숱한 이름으로 다르게 불린다. 그 가치는 무수히 다양하게 명명되고 시대의 주관적인 기준에 따라 등급화된다. 손에 닿을 듯 말 듯하는 것들은 대개 사람을 안달 나게 하고, 그렇기에 애달픈 것들의 가치는 상승한다. 대한민국에 사는 대부분의 사람들은 명함에 넣을 이름 앞 수식어 몇 자를 위해 꽃다운 시절을 경쟁이라는 굴레 안에서 인내와 싸우며 치열하게 보낸다. 명문대 입학과 대기업 취업은 동경의 대상이자 성공의 지표가 된다. 무엇으로 불리는지에 따라 사람의 가치도 달라지는 것만 같다.

초(楚)나라 화씨(和氏)가 옥돌을 발견하여 여왕(厲王)에게 바쳤다. 감정사는 이 옥돌이 그저 평범한 돌멩이일 뿐이라고 말했다. 그러자 여왕은 화씨가 자신을 속였다고 생각하고는 발을 자르는 월형(刖刑)에 처했다. 여왕이 죽고 무왕(武王)이 즉위하자, 화씨는 다시 그 옥돌을 왕에게 바쳤다. 무왕도 그것을 평범한 돌멩이로 여기고 그의 오른쪽 발마저 잘라버렸다.

훗날 무왕이 죽고 문왕(文王)이 즉위했다. 화씨는 옥돌을 끌어안고 사흘 밤낮을 울었다. 문왕이 연유를 묻자, "보옥을 돌이라 하고, 곧은 선비를 거짓말쟁이라며 벌을 준 것이 너무 슬퍼 웁니다"라고 말했다. 보옥의 가치를 알아보지 못한 감정사의 눈에는 그저 돌멩이일 뿐이었고 그 가치를 알아 본 화씨에게는 보옥이었던 옥돌. 그러나 옥돌은 처음부터 끝까지 같은 옥돌일 뿐이었다.

초(楚)나라 위왕(威王)의 고사도 참고할 만하다. 위왕은 고을의 말단 관리였던 장자가 뛰어난 재능을 지녔다는 말을 듣고는 후한 예물을 보내 그를 재상으로 삼고자 했다. 장자는 웃으며 사양했다.

"나는 차라리 더러운 시궁창에서 노닐며 즐거워할망정 제후들에게 얽매이지 않을 것이오. 죽을 때까지 벼슬하지 않고 내 마음대로 즐겁게 살고 싶소."

자기 의지에 따른 자유로운 삶을 추구하는 장자에게 재상이라는 관직은 보기 좋은 허울에 불과했던 것이다. 벼슬은 단지 이름에 지나지 않는다. 재상이 된다고 해서 군자가 되는 것은 아니며 말단 관리로 남는다고 해서 소인을 자처하는 것도 아니다. 이름은 이름에 불과하다.

군자와 소인의 구별은
어디에서 비롯하는가

공자는 인품에 따라 사람을 군자와 소인으로 구별했다. 군자는 덕을 중시하고 소인은 이익을 중시한다. 군자는 두루 친하게 지내되 결탁하지 않으며, 소인은 이익을 위해 무리를 지을 뿐 두루 친하게 지내지 않는다. 군자는 사람들과 화합하나 부화뇌동하지 않으며, 소인은 부화뇌동할 뿐 화합하지 않는다. 군자의 인품을 가진 사람은 많지 않지만 소인은 많다. 그럼에도 많은 사람들이 스스로를 군자라고 자처한다.

마음은 영락없는 소인이면서 남들 앞에서는 군자처럼 보이고자 하는 자신을 발견할 때가 있다. 상황을 유리하게 끌어가기 위해 온갖 경우의 수를 따져가며 그럴싸하게 스스로를 포장하기도 한다. 그래봐야 하찮은 꼼수를 부린 것에 지나지 않는데 말이다. 우리는 진심으로 군자가 되길 바라는 걸까, 아니면 그저 소인으로 불리는 것이 두려운 걸까?

풍도의 말이 맞다. "군자라고 해서 더 얻는 것도 없고 소인이라고 해서 더 잃는 것도 없다." 우리는 그저 소인배라고 손가락질 받는 것이 두려울 뿐이다. 군자가 되려고 노력하지도 않으면서. 부질없는 명분과 타인에게 심어질 이미지에 얽매여 변화에 적응할 시기를 놓치며 실속 없이 아등바등한다.

선악과 시비, 빈부와 귀천……. 사람들은 종종 둘로 나뉜 세상의 기준에 따라 자신의 판단을 내맡긴다. 때로는 가치 판단에 따라 그 대상의 이름에 우열과 흑백의 서로 다른 가치를 부여하기도 한다. 그러나 위대한 셰익스피어가 노래했던 것처럼 이름은 실질 자체를 변화시키는 것이 아니다. 이름은 어떤 대상에 대한 가치 판단에 영향을 주지만, 그 판단이 영속된다고는 장담할 수 없다. 우리가 '상식'이라고 이름하는 판단의 기준은 시간과 장소와 여론에 따라 변화하기 때문이다. 지혜로운 사람들은 이와 같은 진실에 도달하는 법을 안다.

"이름이 뭐길래? 장미는 장미라고 부르지 않아도 달콤한 향기가 나는 것을. 로미오는 로미오라고 불리지 않아도 여전히 그와 같이 완벽할 거야. 그러니 로미오 님, 그 이름을 버리세요. 그리고 내 모든 것을 가져가세요."

우리가 정말로 지켜야 할 것은
무엇인가

세상의 변화가 너무 빨라서 그 속도를 따라잡지 못할 때가 있다. 기진맥진한 사람들은 마지막 때가 이르렀다는 절망에 빠져 "말세다, 말세"를 외친다. 그러나 이런 한탄은 아득히 먼 시대, 고대 이집트의 낙서에서도 찾아볼 수 있다. 낙서를 남긴 사람들이 사라졌어도 우리의 세상은 여전하다. 시대의 변화에 따라 망하는 것은 세상이 아니라 이전 세상의 패러다임에 속한 사람들일 뿐이다.

정신없이 변화하는 어지러운 세상에서 어떤 사람들은 흐름에 따르는 데 급급하고 어떤 사람들은 신념을 지키느라 꼿꼿해진다. 저마다의 의견이 있고 나름의 방식이 있어서 누가 옳고 누가 그른지 판단하기가 어려워지기도 한다. 그래서 순자(荀子)는 실질에 부합하는 이름을 짓는 일을 중시했다.

그러나 이름이 지어진 그대로만 쓰이는 것은 아니다. 말은 사용하는 사람들의 동의를 필요로 하며, 그 말이 쓰이는 시간과 장소, 사용 방식에 따라 변화한다. 사람들이 동의하지 않는 이름은 버려지는 법이다. 따라서 지켜야 하는 것은 이름이라는 껍질이 아니라 이름이 담고 있는 실질임을 명심할 필요가 있다.

사람은 누구나 이로운 것을 좋아하고 해로운 것을 피한다. 자신에게 이로운 것이 남에게 해가 되지 않는데 피하는 사람은 없을 것이다. 그러므로 이로운 것을 선택하고 해로운 것을 버리는 것은 이기적인 선택이 아니라 합리적인 선택이다. 명예라는 아름다운 이름을 추구하는 것도 어찌 보면 합리적인 선택 가운데 하나이다.

선택이란 대부분 원하는 모두를 얻는 것이 아니라 원하는 하나를 위해 나머지를 포기하는 일이다. 이름과 실질을 모두 얻을 수 있다면 더할 나위 없겠지만, 둘 중 하나를 골라야 한다면 이름보다는 실질을 추구하는 쪽이 현명하다. 그래야 두루 통할 수 있기 때문이다.

이름은 단지 이름에 불과하다.

2장

출세하는 법

聞達

문달
聞達

임용이나 채용은 선악의 기준이나 인격의 고하에 따라 결정되지 않는다. 인사고과도 마찬가지이다. 승진이나 강등, 해고, 성과급 지급 등은 인간성이 좋거나 나쁜 것, 배려심이 있거나 없는 것에 좌우되지 않는다. 이기적인 소인배라고 해서 업무 능력을 평가 절하하지는 않기 때문이다.

권한이 있는 상급자를 만족시키면 명예와 이익을 얻지만, 그와 관계없는 인간적 배려는 오히려 자신을 위태롭게 할 수도 있다.

군자는 아랫사람을 배려하고 기쁘게 하고자 애쓰지만, 윗사람은 아랫사람이 훌륭한 인격자라는 사실에는 별다른 관심이 없다. 소인은 대개 아랫사람보다는 윗사람을 기쁘게 하는 데 관심을 갖는다. 아랫사람에게는 잘 못하더라도 징계를 받을 일이 없기 때문이다.

아랫사람은 강직함을 미덕으로 삼지만 사실 윗사람은 아첨을 충성으로 여긴다. 아랫사람이 강직하기만 하고 아첨할 줄 모르면 윗사람들은 그의 충성을 의심하게 된다. 또한 윗사람에게 아첨할 줄만 알고 강직하지 않다면 아랫사람에게는 버림을 받게 된다. 따라서 윗사람이 의심하면 자리를 보존하기 어렵지만 아랫사람에게 버림받으면 명예만 훼손될 뿐이다. 출세가도를 달리는 사람들이 소인이라고 불리는 이유는 그들이 자리를 지키는 일에만 집중하고 다른 문제는 돌아보지 않기 때문이다.

부귀영화를 누리는 데는 불변의 법칙이 존재한다. 그것은 오직 실질에 힘써야 한다는 것이다. 길흉화복은 결코 운명에 의해 결정되는 것이 아니다. 그것은 바로 이 이치를 두루 통하게 하는 데 있다. 실질은 허울 좋은 명예에 휘둘리지 않는다. 통찰은 간교한 행위도 포용한다. 실질을 통찰하고 힘쓰는 것이 바로 출세의 비결이다.

명예를 원하는 사람은 직위에 연연해서는 안 된다. 직위가 있다고 해서 명예까지 따라오는 것은 아니기 때문이다. 직위를 원하는 사람은 명예를 추구하지 말아야 한다. 덕망이 있다고 해서 출세하는 것은 아니기 때문이다.

군자는 마음에 대해 논하지만 소인은 마음을 공략할 줄 안다. 군자와 소인이 향하는 길이 서로 같지 않으니 도달하는 곳도 각기 다를 수밖에 없다.

기본에 충실하여
집중적으로 반복하다 보면
안목은 저절로 생긴다.

聞達 卷二
문달 권이

仕不計善惡, 遷無論奸小. 悅上者榮, 悅下者蹇.
사불계선악 천무론간소 열상자영 열하자건

君子悅下, 上不惑名. 小人悅上, 下不懲惡.
군자열하 상불혹명 소인열상 하부징악

下以直爲美, 上以媚爲忠.
하이직위미 상이미위충

直而無媚, 上疑也. 媚而無直, 下棄也.
직이무미 상의야 미이무직 하기야

上疑禍本, 下棄毀譽, 榮者皆有小人之謂, 蓋固本而捨末也.
상의화본 하기훼예 영자개유소인지위 개고본이사말야

富貴有常, 其道乃實. 福禍非命, 其道乃察.
부귀유상 기도내실 복화비명 기도내찰

實不爲虛名所羈, 察不以奸行爲恥. 無羈無恥, 榮之義也.
실불위허명소기 찰불이간행위치 무기무치 영지의야

求名者莫仕, 位非名也. 求官者莫名, 德非榮也.
구명자막사 위비명야 구관자막명 덕비영야

君子言心, 小人攻心, 其道不同, 其效自異哉.
군자언심 소인공심 기도부동 기효자이재

출세하고 싶다면

목적에 집중하라

호랑이는 죽어서 가죽을 남기고 사람은 죽어서 이름을 남긴다고 한다. 사람이 살아온 모든 경력은 그 사람의 이름에 집약적으로 담기기 때문이다. 세상에 나아가 자신을 증명하고 이름을 떨치는 것은 동아시아의 윤리에서 최고 가치인 효(孝)를 완성하는 방법이기도 했다. 그래서 고전 중의 고전인 《효경(孝經)》에는 사람의 몸과 터럭, 피부는 부모에게서 받은 것이니 그것을 온전히 보존하는 것이 효의 시작이고, 세상에 나아가 세간의 이치에 맞게 행동함으로써 후대까지 이름을 떨치는 것이 효의 끝이라고 적혀 있다.

그렇다면 과연 어떤 이름을 남길 것인가? 군자는 원래 제후의 아들이라는 신분을 가리키는 이름이었다. 공자는 군자로 태어났다고 해도 군자답게 행동하지 않으면 군자라 불릴 수 없다고 주장함으로써 그 이름이 실질에 부합해야 함을 주장했다. 이는 말하자면 노블레스 오블리주의 사회적 요청인 셈이다. 군자다운 행동, 곧 제후의 아들다운 노블레스 오블리주의 실천은 그만큼 많은 자원을 필요로 한다.

달리 말하면, 군자는 군자니까 군자답게 행동하는 것이다. 고귀한 신분과 넉넉한 자원에 부끄럽지 않은 행동의 고결함을 요청받는 것은 당연하다. 그러나 군자의 지위에 이르지 못했는데 그와 같은 행동을 하려면 자연히 자원의 고갈이라는 위험에 직면하게 된다. 하루 벌어 하루를 사는 파트타이머에게 사회가 재능기부를 요구한다면 그 사람은 생계에 적잖은 타격을 받지 않겠는가. 분에 넘치는 자원을 사용하는 일은 본인에게는 버겁고 타인의 눈에는 의심스러운 노릇일 수밖에 없다.

출세를 하고 명예를 지킨다는 것

우리가 가진 자원은 언제나 제한적이다. 한정적인 자원을 효율적으로 활용하려면 합리적 사용이 필수이다. 합리적인 사용이란 결국 목적에 따른 분배와 소비를 의미한다. 주어진 조건에서 한정적인 자원을 합목적적으로 유효하게 활용하는 사람을 두고 우리는 프로페셔널하다고 말한다. 프로와 아마추어의 차이는 단순한 실력의 차이로만 볼 수 없다. 프로는 그 일을 해서 돈을 받는 사람이고, 아마추어는 돈을 들여서 그 일을 하는 사람이기 때문이다. 아마추어는 최고의 결과를 원할 때 필요한 자원을 모두 일시에 쏟아부을 수 있다. 그러고도 원하는 결과를 얻지 못한다면 손을 떼고 돌아설 수도 있을 것이다. 그러나 프로는 다르다. 프로페셔널은 자원의 한계와 조건의 변화에도 불구하고 일정 수준의 질을 유지해야만 한다. 그래야 그 일을 계속 해나갈 수 있기 때문이다. 효율적인 분배와 소비는 프로페셔널의 제1조건이다.

  사회적으로 높은 지위에 오르거나 유명해지면 우리는 출세했다고 말한다. 사람들은 보통 지위가 높거나 유명한 사람들을 부러워한다. 유명세를 얻으면 자연스럽게 부유하고 윤택한 삶을 누릴 수 있으리라 기대하는 까닭이다. 그러나 출세를 해서 그 명예를 지킨다는 것, 더욱이 부귀를 함께 누리면서 사람들의 존경까지 받는 사례는 예나 지금이나 결코 흔치 않다. 국회의원이나 장관처럼 영화로운 자리까지 올랐지만 각종 비리와 떳떳하지 못한 개인사가 만천하에 드러나 불명예의 고통을 감내해야 하는 유명 인사의 이야기는 늘 뉴스의 단골 소재가 되어왔다.

학문적 성과를 기반으로 정계에 입문한 폴리페서, 방송사의 아나운서로 인기를 얻고 프리 선언을 한 뒤 방송계에서 활약하는 아나테이너, 상대적으로 활동 수명이 짧은 선수 생활을 접고 방송인이 된 스포테이너 등은 원래의 직군에서 실력을 인정받고 명성을 얻어 활동 범위를 넓힌 사례들이다. 직업을 바꿔가면서도 계속 유명세를 떨칠 수는 있다. 하지만 실력이 뒷받침해주지 않거나 유명세만 좇다가 원칙에서 너무 멀어지면 명예가 실추되기도 한다. 추락은 지위가 높을수록, 명예가 빛날수록 더 뼈아프다.

풍도는 왕조가 네 차례나 교체되는 동안에도 재상의 직위를 유지했다. 지금으로 말하자면 집권당이 바뀌어 정권이 교체되는 와중에도 거듭해서 국무총리 자리를 굳건히 지킨 것이다. 황제를 섬기는 것이 아니라 나라와 백성의 안위를 우선시했기에 가능한 일이었다.

그럼에도 불구하고 풍도는 역사적으로 그에 걸맞은 명예를 누리지 못했다. 예의범절을 중시하고 대의명분을 내세우는 후대의 도학자들은 그를 변절자, 속물, 기회주의자라고 질타했다. 세태의 변화나 정세의 부침에 관계없이 실질에 힘쓰며 자신의 직무에 충실했던 것이 풍도의 주요한 출세 전략이었다. 나라의 살림을 맡은 재상으로서 백성의 안위와 평온한 삶을 최우선시했던 그 자신의 생애가 이를 증명한다. 풍도가 보여준 이러한 현실주의 정치가로서의 가치는 현대에 이르러 재조명되었다.

성공과 실패를 구분 짓는
단 하나의 비결

부귀(富貴), 즉 물질의 풍요로움과 사회적 지위 상승은 출세로 인해 획득할 수 있는 결과물이다. 사람들은 너 나 할 것 없이 윤택함 속에서 사회적 지위를 누리며 살고 싶어한다. 그래서 어떤 이는 계속해서 공부를 하고, 어떤 이는 근무 시간을 초과해가며 일하고, 또 어떤 이는 주식이나 부동산, 가상화폐 등에 투자한다. 물질적 풍요와 사회적 지위 상승은 개인에 따라 기준과 가치가 다르며, 실현 방법은 천차만별이다. 그들 중 누구는 성공하여 부귀를 누리고 누구는 잘 풀리지 않아 고전(苦戰)하기도 한다. 그렇다면 성공과 실패를 구분 짓는 비결은 무엇일까?

부자들의 성공 습관이나 재테크 전략을 서술해놓은 책에서 공통적으로 강조하는 내용이 있다. 바로 '기본'에 충실하라는 것이다. 무엇이든 기본에 충실하여 집중적으로 반복하다 보면 어느덧 안목은 저절로 생긴다. 특정 분야에 안목을 갖추었다는 것은 일정 수준의 경지에 올랐다는 뜻이며, 곧 실력을 쌓았다는 의미로도 볼 수 있다. 그 사람이 그 분야의 전문가라는 말이다. 어느 분야든 절대 변하지 않는 성공의 노하우가 있다. 이러한 불변의 법칙이 바로 '기본'이며, 기본 역량을 제대로 갖추었을 때 비로소 나의 실력이 된다.

실력은 해당 분야의 모든 내용과 흐름, 전망까지도 간파

할 수 있는 자신만의 고유 역량이다. 어떤 사람이 직장에서 승진을 했다는 것은 그 직무에 부합하는 과정을 밟았다는 의미이다. 직무에 어울리는 경험을 쌓으며 일궈낸 실무 능력은 결국 위상과 가치를 규정한다. 그리고 경제적인 부와 사회적인 지위를 가져다준다. 기본에 충실하게 쌓아온 실무능력이 언제 어디서나 나를 찾게 만드는 전문가로서의 '실질'을 증명하는 것이다.

풍도의 삶을 요약하는 키워드 중 하나는 '실무에 힘쓰라'는 것이다. 모든 인사(人事)의 기본은 '능력'이다. 실무 능력은 해당 분야에서 발탁의 기준점이 될 뿐만 아니라 변화무쌍해야 하는 현대인의 스트레스를 조절하는 완충점이 된다. 풍도는 타인이 자신을 뭐라고 부르든, 어떻게 평가하든 개의치 않고 묵묵히 풍부한 실무 경험을 쌓아 올리는 데 집중했다. 풍도의 명성은 중원 지역과 긴장 관계를 형성하고 있던 거란 지역에까지 퍼졌다. 거란의 황제는 풍도를 납치하려고 호시탐탐 기회를 엿보았고 그가 사신으로 갔을 때는 몇 년이나 그를 억류하기도 했다. 풍도가 갖추고 있던 행정 능력과 문인으로서의 재능은 적국인 거란에서도 필수적인 정치적 역량이었기 때문이다.

이름에 집착하지 않고 실무, 실속, 실리, 실세와 같은 실질에 힘쓰다 보면 자연히 실력(實力)이 채워진다. 실력이 있는 자에게는 선택의 우선권이 주어지고 범위도 넓어진다. 어디 그뿐인가. 상대 쪽에서 먼저, 알아서, 맞춰준다. 그러니 저절로 출세의 길이 열릴 수밖에 없다.

조선은 혈통과 가문이 개인의 능력보다 중요했던 신분제 사회였다. 그런 시대에 노비 출신의 장영실이 출세할 수 있었던 이유는 그가 뛰어난 발명가였기 때문이다. 대중들은 미천한 신분의 그가 능력 하나로 관직에 올랐다는 사실과, 그가 연구하고 발명한 내용이 조선의 역사를 어떻게 바꾸었는지에 먼저 관심을 갖는다.

부귀와 명예는
각기 다른 곳에 있다

"사람은 참 착한데……." 이런 말들의 방점은 '착한데'라는 어휘 다음에 있기 마련이다. 사람은 착한데 업무 능력이 부족하다거나 사람은 착한데 대인관계가 원만하지 못하다거나 하는 표현을 하고 싶을 때 종종 이런 화법을 사용한다. "사람 참 착하다"라는 칭찬은 조직사회에서의 승진이나 평가에 전혀 영향을 미치지 못한다.

인품이 훌륭해도 업무 능력이 그에 미치지 못하면 윗사람 눈에는 오히려 실속 없는 사람으로 비칠 수밖에 없다. 동료나 아랫사람들 사이에서 아무리 평판이 좋아도 그를 평가하는 사람이 만족하지 못하는 이상 승진의 기회는 주어지지 않는다. 사실 윗사람은 아랫사람의 인품에 대해서는 크게 관심이 없다. 인격이 훌륭하든 그렇지 않든 승진에는 영향을 미치지 못한다. 그의 업무 능력과 실적만 중요할 뿐 인격은 승진의 최우선 조건이 아니기 때문이다.

명예를 추구하는 사람이 명예를 얻고, 부귀영화를 추구하는 사람이 부귀영화를 얻는다. 학식을 중시하는 사람은 학식에 투자하고, 주식을 중시하는 사람은 주식에 투자할 것이다. 일상에서 우리는 산토끼를 잡으려다 집토끼마저 놓치는 경우가 많다. 두 마리 토끼를 잡기란 결코 쉬운 일이 아니다. 명예와 부귀라는 두 마리 토끼는 산토끼와 집토끼처럼 각기 다른 곳에 있을지 모른다. 산토끼를 잡으려면 산으로 가야 하고, 집토끼를 보려면 집에 우리를 지어야 하듯이, 부귀와 명예는 각기 다른 곳에 있으니 달리 추구해야 한다.

　인기를 얻는 것이 부를 축적하는 방편은 될 수 있지만, 명성이 있다고 해서 사람들의 존경을 얻을 수 있는 것은 아니다. 부귀를 원하면서 명예를 좇고, 명예를 바라면서 부귀를 탐하는 것만큼 어리석은 일은 없다. 바라는 결과와 노력을 기울이는 곳이 다르다면, 두 마리 토끼를 잡으려 하지 말고 실질에 힘써야 한다. 얻고자 하는 것에 집중해야 바라는 것을 얻을 수 있다. 바라는 결과와 노력을 기울이는 곳이 다르다면, 흡족한 결과를 얻지 못하는 것이 당연하다. 남쪽으로 가기를 바라면서 북쪽으로 수레를 모는 것보다 어리석은 일은 없다.

군자는 마음에 대해 논하지만

소인은 마음을 공략할 줄 안다.

3장

화를 면하는 길

解厄

해액
解厄

긴 안목으로 고려하지 않으면 우환이 끊이지 않게 된다. 큰일만 멀리 내다보고 자신을 돌보지 않으면 스스로를 상하게 할 수 있고, 자기 일을 길게 생각하고 대처하면 안위를 지킬 수 있다.

화는 거부하더라도 결국 받아들일 수밖에 없다. 화는 원망하더라도 닥치면 피할 수 없기 때문이다. 군자는 악하지 않은데도 근심이 끊이지 않고, 소인은 어질지 않은데도 경사가 끊이지 않는다. 왜 그런가!

소인이 아니면 아랫사람답게 행동할 수 없다. 소인이 되어야만 윗사람의 마음이 내게서 떠나지 않게 할 수 있는 것이다. 군자가 아니면 아랫사람의 마음을 헤아릴 수 없다. 군자만이 다른 사람을 두루 살피는 데 힘쓰기 때문이다.

화가 위에서 올 때는 시비를 가리지 말고 잘못을 인정하며 반성해야 무사할 수 있다. 화가 아래서 올 때는 일일이 책임을 따져 물어야만 죄를 모면할 수 있다.

군자는 당파를 만들지 않으므로 화를 당했을 때 도와줄 사람이 없지만, 소인은 이해관계에 따라 사람을 대하므로 발생하는 이익을 보고 도와주는 사람이 있다.

도덕과 정의를 지키지 못한다고 해서 징벌을 받는 것은 아니지만, 화를 당했을 때 문제를 해결하지 못하면 반드시 곤경에 처한다. 따라서 군자는 화를 당했을 때 그 상황을 바꿀 수 없지만, 소인은 경우에 따라 화를 모면할 길을 찾을 수 있다.

解厄 卷三
해액 권삼

無憂則患烈也.
무우즉환렬야

憂國者失身, 憂己者安命.
우국자실신 우기자안명

禍之人拒, 然亦人納. 禍之人怨, 然亦人遇.
화지인거 연역인납 화지인원 연역인우

君子非惡, 患事無休, 小人不賢, 餘慶弗絶.
군자비악 환사무휴 소인불현 여경불절

上不離心, 非小人難爲. 下不結怨, 非君子勿論.
상불리심 비소인난위 하불결원 비군자물론

禍於上, 無辯自罪者全. 禍於下, 爭而罪人者免.
화어상 무변자죄자전 화어하 쟁이죄인자면

君子不黨, 其禍無援也.
군자부당 기화무원야

小人利交, 其利人助也.
소인리교 기리인조야

道義失之無懲, 禍無解處必困, 君子莫能改之, 小人或可諒矣.
도의실지무징 화무해처필곤 군자막능개지 소인혹가량의

위기에서 벗어나고 싶다면
몸을 낮추고 도움을 구하라

"이런들 어떠하리 저런들 어떠하리/ 만수산 드렁칡이 얽혀
진들 어떠하리/ 우리도 이같이 얽혀져 백 년까지 누리리."

조선의 태종 이방원이 고려의 충신 정몽주를 회유하기 위
해 읊었다는 〈하여가〉이다. 고려가 조선이 되고 왕조가 바
뀌더라도 사람들의 삶은 바뀌지 않고 얽혀서 살아갈 수 있
으니 망해가는 나라를 구하려고 매달리지 말고 새로운 흐
름에 따라 백 년이 넘도록 살아가보자는 뜻을 지닌 이 시에
대한 정몽주의 화답은, 널리 알려진 것처럼 〈단심가〉이다.

"이 몸이 죽고 죽어 일백 번 고쳐 죽어/ 백골이 진토 되어 넋 이라도 있고 없고/ 임 향한 일편단심이야 가실 줄이 있으 랴."

누가 군자이고
누가 소인인가

고려의 충실한 신하였던 정몽주는 조선의 건국을 함께하 자는 이방원의 제안을 단호하게 거절했고 결국 죽음을 맞 았다. 그가 죽고 13년이 지난 뒤 조선의 왕이 된 태종 이방 원은 그를 영의정에 추증하고 문충(文忠)이라는 시호를 내 렸다. 그러나 묘비에는 정몽주가 고려의 신하로서 받은 관 직만을 쓰고 자신이 내린 시호는 적지 않았다. 두 왕조를 섬기지 않았던 정몽주의 충심을 분명히 밝히고자 하는 뜻 이었을 것이다.

정도전도 한때 공민왕의 신임을 받은 고려의 신하였다. 그는 과거 급제 후 젊은 신진으로서 권문세족을 비판하면 서 원나라와 단교할 것을 주장했다. 그러나 급진적인 그의 주장은 곧바로 실행되기 쉽지 않았고 결국 기득권자들의 눈 밖에 나 관직을 잃고 귀양살이까지 하게 된다. "나라도 임금도 백성을 위해 존재할 때만 가치가 있다"고 말한 정도전은 정몽주와는 달리 이성계의 뜻에 따라 고려를 무너뜨리고 조선을 건국하는 데 큰 공을 세웠다. 공신이었던 정도전은 태조 이성계의 든든한 신임을 받았지만 권력 투쟁 과정에서 이방원에게 살해당하고 만다.

흥미로운 점은 정도전과 정몽주가 성균관에서 함께 근무하며 우의를 쌓은 사이였다는 것이다. 정도전은 정몽주를 따르며 그에게서 새로운 지식을 포함해 많은 가르침을 받았다고 공언했고, 정몽주는 이 열의에 찬 후배와 이성계의 만남을 몸소 주선하기도 했다. 부정과 부패로 얼룩진 사회를 개혁해야 한다는 관점에도 두 사람은 완전히 동의했다. 그러나 정몽주는 부조리한 구조를 개혁해 고려를 다시 세워야 한다는 입장이었고, 정도전은 더 이상 회생의 가망이 없는 고려를 버리고 백성을 위한 새로운 나라를 세워야 한다는 입장이었다. 그래서 정몽주는 한때 동지였던 정도전을 유배 보내고 죽여야 한다는 상소까지 올렸다. 정몽주는 고려의 신하로서 죽음을 맞았고 정도전은 조선의 신하로서 새 나라를 건국하는 데 온 힘을 바쳤다. 그리고 둘은 모두 이방원의 손에 죽음을 맞는다.

조선 태종 때 《동국사략(東國史略)》을 편수했던 사람 중 하나였던 하륜은 정도전과 동문수학하던 사이였다. 하륜 역시 정몽주나 정도전처럼 고려 말기의 신하였고 조선의 건국에도 합류했다. 이성계의 눈 밖에 나서 미움을 받기도 했지만, 처세술에 능했던 하륜은 1차 왕자의 난을 성공으로 이끌고 결국 이방원이 왕위에 오르는 데 결정적인 공헌을 했다. 하륜은 인품이 중후하고 침착하며 대범한 사람이었다고 평가받기도 하지만, 그가 사사로운 인사 청탁과 국유지 착복 같은 부정행위를 저질렀다는 비판도 적지 않다. "하륜은 학문이 해박하고 정사에 재주가 있어 재상으로서의 체모는 있지만, 청렴결백하지 못하고 일을 아뢸 때도 여염의 청탁까지 시간을 끌며 두루 말하곤 했다"라는 《조선왕조실록》의 기록도 하륜에 대한 이러한 양가적 평가를 반영하는 듯 보인다. 하륜은 조선 건국에는 관여하지 않았지만 '일인지하, 만인지상'인 정승의 자리까지 올라 70세까지 영화를 누리다가 조선의 신하로 생을 마감했다.

죽음으로써 절개를 지킨 정몽주, 새 나라에 대한 희망을

싣고 조선 건국에 힘썼던 정도전, 이성계를 거쳐 끝내는 이방원의 편에 섰던 하륜. 이들은 모두 시대와 견해에 따라 충신과 배신자라는 양면적인 아이콘이 될 수 있는 인물들이다. 정몽주에게 정도전은 배신자이고, 정도전에게 하륜은 배신자이다. 이성계에게 정도전은 충신이지만 하륜은 배신자이며, 이방원에게 정도전은 쳐내야 할 숙적이지만 하륜은 심복이었다. 누가 더 믿을 만한 신하이고 누가 배신자인가. 누가 군자이고 누가 소인인가. 고려를 위해 죽음을 선택한 정몽주는 군자이고, 고려를 저버린 정도전은 소인인가. 그렇다면 하륜은 '지금, 여기, 우리'의 관점으로 보아도 소인 중의 소인인가.

열 명의 황제를 섬겼던 풍도는 이후의 역사에서 군자의 도를 저버린 소인으로 치부되어 수도 없이 손가락질 받았다. 풍도 역시도 어쩌면 군자와 소인이라는 패러다임 속에서 고민하고 갈등했을 것이다. 그러나 만약 풍도가 소인으로 불리는 것이 무서워 그가 살던 시대가 정해놓은 인식과 가치관에만 갇혀 있었다면 백성의 삶은 더욱더 곤고해졌을 것임에 틀림없다. 전쟁이 끊이지 않았던 오대십국 시기였지만 오히려 나라의 경제는 윤택해졌고 서민의 생활은 풍족해졌다. 이와 같은 난세에 보통 사람들의 안온한 삶이 영위될 수 있었던 것은 땅바닥에 배를 깔고 머리를 조아릴 망정 백성을 저버리지 않았던 풍도가 있었기 때문인지 모른다.

풍도는 '장락'이라는 고장에서 말년을 보냈기에 스스로 '장락의 노인(長樂老)'이라고 일컬었는데, 이는 '길이 즐거움을 누리는 노인'이라는 이중의 의미를 지닌다. 또한 '가도(可道)'라는 풍도의 자(字)에서 확인할 수 있는 것처럼 그는 도가적인 삶의 태도를 견지했다. 도가에서는 명예를 위한 죽음보다 살아 있는 생명 자체를 중시한다. 도가를 대표하는 사상가 장자가 꼬리를 끌고 진흙탕을 뒹구는 거북이가 될지언정 죽어서 3천 년 동안 신전에 고이 모셔지는 갑골이 되기를 원치는 않는다며 관직을 거절한 것도 같은 이치일 터이다. 왕의 권위나 국가의 위상, 문인으로서의 명예나 중원인으로서의 자부심 따위보다 백성의 안위를 우선시했던 그 생명 중시의 태도야말로 풍도가 여러 왕조를 거치며 '부도옹(不倒翁)'이라 불린 진정한 이유라고 여겨진다.

크고 작은 화를
어떻게 피할 것인가

다음과 같은 경우를 생각해보자. 사회생활 10년 차 김철수 씨는 한 직장에서 근속하지 못하고 여러 번 이직했다. 업무에 태만한 아랫사람의 잘못을 덮고 스스로 책임을 떠안은 채 직장을 떠나거나 억울한 일을 당했을 때 총대를 메고 시비를 따지다가 결국 사직서를 던지곤 했다. 화(禍)를 푸는 방법을 알지 못했던 까닭이다.

이것이 비단 김철수 씨에게만 국한되는 이야기는 아닐 것이다. 많은 사람이 사직서를 품은 채 직장에 다닌다고들 하지만, 그럼에도 불구하고 김철수 씨를 전적으로 지지하고 두둔하는 이는 많지 않을 것이다. 억울하다고 일일이 잘잘못을 따지는 태도가 보편적인 직장문화에 반한다는 인식이 일반적이기 때문이다. 그렇다면 어떻게 화를 면할 수 있을까?

화를 면하려면 화근이 무엇인지부터 알아야 한다. 중국에서는 화근을 '화수(禍水)'라고도 한다. 이 말의 유래는 다음과 같다. 한나라 성제(成帝)가 총애하던 조비연이라는 미

모의 여인이 있었다. 조비연의 동생인 조합덕 또한 외모가 출중하여 언니와 함께 성제의 후궁이 되었다. 그런데 선대 황제 때부터 궁중의 여관(女官)이었던 요방성이 "이 사람은 화를 불러올 물이니 불을 꺼버릴 것이 분명합니다"라고 했다. 오덕종시설(五德終始說)에 따르면 한나라는 불의 덕으로 일어난 나라이다. 그런데 성제가 물의 기운을 가진 조비연 자매를 총애하면 물이 불을 끄는 격이므로 불의 덕으로 일어난 한나라가 물의 기운을 가진 두 자매 때문에 결국 망하게 될 것이라는 뜻이다. 이렇게 '화수'는 화를 불러오는 사람이나 사물을 가리키는 말로 쓰이게 되었다.

우리말에는 이런 속담이 있다. "하루 화근은 식전 취한 술이요, 일 년 화근은 발에 꼭 끼는 갖신이요, 일생 화근은 성품 고약한 아내라." 식전부터 술에 취해 있으면 하루를 망치기 마련이고, 잘못 산 가죽신은 아까워서 버리지 못해 모셔두거나 일 년 내내 작은 신을 신는 셈이니 늘 불편하게 지내야 하며, 성질이 못된 아내와 살면 일생이 편치 않게 된다는 말일 것이다. 그러나 아내 입장에서도 잘못 만난 남편은 일생을 망치게 하는 화근이다. 결국 사람과 사람이 맺는 관계가 평생 삶의 질을 좌우하기 때문이다. 삶의 순간순간 우리에게 닥쳐오는 크고 작은 화는 다른 사람과 맺는 관계에서 온다. 그러므로 화를 면하려면 그 화가 누구와 맺은 어떤 관계에서 비롯되었는지 살피고 그에 따라 판단하고 대처해야 한다.

동양 신화의 보고라 불리는 《산해경(山海經)》에 이런 구절이 있다.

"다시 동쪽으로 5백 리를 가면 녹오산이라는 곳인데, 산 위에는 풀과 나무가 자라지 않으며 무쇠와 돌이 많다. 이곳에는 고조라 불리는 짐승이 사는데, 생김새는 수리를 닮았으나 뿔이 나 있다. 그 소리는 어린아이 음성 같으며 사람을 잡아먹는다."

이처럼 《산해경》에는 어린아이의 소리와 형상으로 사람들을 유인하는 요괴들이 신기할 정도로 자주 등장한다. 왜 그럴까?

어린아이가 우물곁에서 놀다가 빠지는 것을 보면 누구라도 아이를 구하려 달려가게 될 것이다. 맹자는 이러한 감정이 사람이라면 누구나 지니는 감정, 곧 인지상정(人之

常情)이라고 했다. 작고 약하고 어린 것들을 보호하려는 감정은 매우 자연스러운 것이다. 이런 감정이 거의 본능적으로 일어나기에 우리는 이를 '보호 본능'이라고 부르기도 한다. 보호 본능을 불러일으키는 작고 약하고 어린 것들은 대체로 귀엽다. 귀여움에 넘어가지 않는 사람은 드물다.

"귀여우면 끝난 거지. 난 이제 끝났어."

귀여운 대상에게는 항복할 수밖에 없음을 나타내는 이런 말은 우리가 귀여운 것들에 얼마나 약한지를 대변한다. 대자연은 약육강식의 세계이다. 그래서 역설적으로, 귀여움은 작고 약하고 어린 것들이 살아남기 위해 체득한 강력한 생존 전략일지 모른다.

사람이 살아가면서 위기에 빠지지 않기란 어렵다. 아무리 철저하게 준비하더라도 의외의 상황은 발생하기 마련이다. 더 많은 일을 생각하고 행할수록 더 많은 문제에 맞닥뜨리게 된다. 나만 생각하는 사람보다 남도 생각하는 사람이 더 많은 위기에 직면하고 어려움을 겪는 것은 어찌 보면 당연한 일이다. 위기는 혼자 힘으로 벗어나기 어려울 때가 많다. 누군가의 도움을 받으면 보다 쉽게 이겨낼 수 있다. 깊은 함정에 빠졌을 때 혼자 기어 나오기는 힘들어도 손을 내밀어줄 사람이 한 명만 있으면 문제는 의외로 쉽게 풀릴 수 있다.

혼자서 모든 것을 해결하려는 사람은 남의 도움을 쉽게 구하지 못한다. 남에게 의지하지 않으려는 고집 때문에 도움을 구하는 것이 합리적인 대안이라는 사실을 잊은 것처럼 보이기도 한다. 위기는 대부분 '나의 방식'이 해결하지 못한 문제 때문에 온다. 따라서 '남의 방식'을 빌리는 것은 자존을 버리는 포기가 아니라 자존을 구하기 위한 지혜일 수 있다.

위태로울 위(危)는 산기슭에서 사람이 아래로 굴러 떨어지는 모습을 가리키며, 위기란 사람이 아찔하게 낮은 곳으로 떨어지는 순간을 말한다. 위기에 처한 사람이 할 수 있는 가장 현명한 행동은 먼저 자신이 위기에 처했다는 것을 인정하고 도움의 손길을 청하는 것이다. 어려움에 빠진 사람을 구하고자 하는 것은 인지상정이다. "하늘은 스스로 돕는 자를 돕는다"고 했다. 그러나 사람은 스스로 구할 수 있다고 자만하는 자를 돕지 않는다.

난세에
스스로를 돌보는 법

베트남전을 다룬 영화 〈7월 4일생〉은 국가와 국민을 위한 공리가 한 개인의 삶을 어떻게 망가뜨릴 수 있는지를 여지없이 보여준다. 주인공은 미국 해병대가 최고의 덕목으로 내세우던 '진리 수호'에 감화되어 해병대에 자원입대하고 베트남 전쟁에도 참전한다. 그러나 그가 전장에서 목격한 광경은 민간인과 어린아이들이 학살당하는 참혹한 현장이었다. 그는 총상으로 하반신이 마비된 채 집으로 돌아온다. 영화는 평생 휠체어에 앉은 채 소변줄을 매달고 살아야 하는 주인공과 그 가족들의 자존감이 어떻게 무너져가는지, 그들이 맨몸으로 겪어내는 삶의 질이 어디까지 떨어질 수 있는지 세밀하게 묘사한다.

7월 4일은 톰 크루즈가 열연한 이 영화 주인공의 생일이자 미국의 독립기념일이다. 7월 4일이라는 숫자는 국가와 개인의 갈등, 대의를 위한 개인의 희생이라는 이율배반을 상징한다. 영화는 국가가 자유와 독립을 쟁취하기 위해서 오히려 개인의 생존과 자유를 억압하는 아이러니를 보여준다.

《소인경》에서는 대의를 위해 자신을 희생하는 것도 좋겠지만 한편으로 자신을 돌보는 방안도 마련하라고 강력히 권고한다. 무엇이 진리인가? 공리란 무엇인가? 절대 변하지 않는 참된 도리는 도대체 무엇인가? 가치는 시대와 지역에 따라 얼마든지 변할 수 있다. 전통 사회가 '대의나 도의'를 앞세웠다면, 근대 이후의 사회에서는 '법치'가 중심이 된다. 예전에는 다수를 위한 소수의 희생은 당연한 것으로 여겼고 대가를 바라지 않는 헌신을 미덕으로 간주했지만, 영화 〈7월 4일생〉에서도 생생히 묘사했듯이 도덕적 딜레마는 결코 단순한 문제가 아니다.

윤리의식은 변화하고 있다. 윤리의식의 변화는 사회의 변화와 관련된다. 전통 사회에서는 개인의 존재보다 공동체의 존속이 더 중시되었다. 그러나 현대 사회에서는 각 개인의 존재 가치가 더 중시된다. 전통 사회에서 공동체의 이상적인 표상이었던 '영웅'이, 현대 사회에서는 자기 앞가림도 못하면서 남의 일에 간섭하는 '오지라퍼'로 간주되기도 한다. 개인의 희생으로 공동체의 성장과 발전이 이루어지는데도 희생된 개인에게는 그 보상이 공평하게 돌아가지 않는 문제들 또한 종종 발생한다. 과거에 희생의 대가는 온전히 개인의 몫으로 남겨졌다. 희생을 자처한 개인은 대의와 도의를 실천한 영웅으로 추앙받기도 했지만 때로는 적절한 보상이 돌아오지 않는 억울함도 함께 감수해야 했다. 현대 사회에서는 개인의 불행이 국가가 책임져야 할 복지 차원의 문제로 여겨진다.

전통적인 의미에서 소인은 군자와 달리 이익을 앞세워 의리를 저버리는 사람으로 하찮게 평가되었다. 그러나 현대 사회에서 소인은 스스로의 생존과 자유를 지키는 평범한 개인이다. 자율적으로 질서를 준수하면서 국가에 부담을 지우지 않는 법치 사회의 시민이다. 다른 사람에게 폐를 끼치지 않고 자기 자신도 꼼꼼히 돌보는 야무진 사람, 자기 삶에서도 억울하지 않은 사람. 그가 바로 '소인'이다.

사람이 살아가면서

위기에 빠지지 않기란 어렵다.

4장

인맥을 관리하는 기술

交
結

교결
交結

자혜로운 사람은 어진 사람을 거절하지 않고, 사리에 밝은 사람은 악한 사람을 멀리하지 않는다. 선악을 두루 활용할 줄 알아야 성공한다. 뜻을 맞추면 친구가 되고 거스르면 적이 되므로 적이냐 친구냐는 상황에 따라 달라진다.

사람 알아보는 일을 귀하게 여기면 나도 귀하게 되고, 소인을 거두는 일이라고 천하게 여기면 나 역시 천하게 된다. 사람의 귀천은 절대적으로 정해진 것이 아니며 어떻게 사람을 알아보고 거두느냐에 따라 바뀔 수 있는 것이다. 귀한 사람이 사람을 알아보고 거두는 일을 귀하게 여기는데 천한 사람이 그 일을 천하게 여긴다면 귀천은 절대 바뀌지 않을 것이다.

사람들은 저마다 남은 어리석고 나는 똑똑하길 바란다. 만약 남들 앞에서 어리숙한 척하면 자기가 원하는 것을 더 크게 이룰 수 있다. 또한 사람들은 내가 어리석은데 남이 나보다 똑똑한 것은 싫어한다. 나의 똑똑함을 드러내지 않아야 손해를 입지 않는다.

똑똑한 사람은 어리석은 사람을 가까이하지 않는다. 어리석은 사람은 스스로 지혜를 기르지 못하기 때문이다. 지혜로운 사람은 남에게 원한을 사지 않는다. 원한을 품은 사람은 상대의 지혜를 두려워하지 않기 때문이다.

군자는 너그러운 마음으로 사람을 사귀며 그 마음을 지키지 못할까 근심한다. 소인은 사사로운 목적으로 사람을 사귀며 그 목적을 이루지 못할까 걱정한다. 군자가 소인을 이길 수 없는 이유가 바로 여기에 있다.

交結 卷四
교결 권사

智不拒賢, 明不遠惡, 善惡咸用也.
지불거현 명불원악 선악함용야

順則爲友, 逆則爲敵, 敵友常易也.
순즉위우 역즉위적 적우상역야

貴以識人者貴, 賤以養奸者賤.
귀이식인자귀 천이양간자천

貴不自貴, 賤不自賤, 貴賤易焉.
귀부자귀 천부자천 귀천역언

貴不賤人, 賤不貴人, 貴賤久焉.
귀불천인 천불귀인 귀천구언

人冀人愚而自明, 示人以愚, 其謀乃大.
인기인우이자명 시인이우 기모내대

人忌人明而自愚, 智無潛藏, 其害無止.
인기인명이자우 지무잠장 기해무지

明不接愚, 愚者勿長其明. 智不結怨, 仇者無懼其智.
명부접우 우자물장기명 지불결원 구자무구기지

君子仁交, 惟憂仁不盡善. 小人陰結, 惟患陰不制的.
군자인교 유우인부진선 소인음결 유환음부제적

君子弗勝小人, 殆於此也.
군자불승소인 태어차야

인맥을 관리하려면
관계에 집중하라

'나'에게는 네 가지 내 모습이 존재한다고 한다. 나도 알고 남도 아는 나, 나는 알지만 남은 모르는 나, 남은 알아도 나는 모르는 나, 나도 남도 모르는 나. 대부분의 경우 사람은 스스로에 대해 다 알지 못한다. 내가 아는 내 모습이 절반이라면, 남이 아는 내 모습도 절반이다.

과연 스스로를 세상에서 가장 잘 안다고 자신할 수 있는 사람은 얼마나 될까? 심지어 내 모습의 4분의 1은 나도 모르고 남도 모른다. 게다가 이 세상에서 나는 한 사람이고 남은 여럿이다. 내가 나에 대해 하는 말이 더 많을까, 아니면 남이 나에 대해 하는 말이 더 많을까? 결국 나에 대한 말들 대부분은 내가 아닌 남에게서 온다. 나는 어쩌면 남의 말에 의해 결정되는 존재일지 모른다.

길고 짧은 것은 대봐야 안다. 크다거나 작다거나 많다거나 적다거나 잘생겼다거나 못생겼다거나 하는 판단도 비교할 대상이 없으면 원천적으로 불가능하다. 이런 비교에서 내가 언제나 판단의 주체가 되는 것은 아니다. 적어도 절반의 경우에 나는 비교의 객체가 된다. 좋은 사람이냐 나쁜 사람이냐의 문제도 마찬가지다. 사람은 대개 나와 뜻이 맞는 사람을 좋아하고 뜻이 맞지 않는 사람에게 거리를 둔다. 때로는 거리를 두는 데 그치지 않고 싫어하거나 심지어 미워하게 되기도 한다.

관계를 유지하는 것이
중요한 이유

사람은 미워하는 사람의 말을 듣지 않는다. 하지만 친구의 말에는 누구나 한 번쯤 귀를 기울인다. 친구가 의도적으로 나를 해칠 생각을 하지는 않는다고 믿기 때문이다. 물론 모든 친구가 다 같은 성향을 지니는 것은 아니다. 집안끼리 알고 지내서, 가까운 거리에 살아서, 같은 학교를 다녀서, 비슷한 취향을 지녀서……. 이처럼 친구가 되는 계기는 여러 가지이다.

친구 사이에 공통의 분모가 있다면 다른 점도 있다. 때로는 아주 사소하게 통하는 부분으로 인해 완전히 다른 성향의 사람들이 한 동아리가 되기도 한다. 그리고 친구가 된 이상 그들은 더 많은 것을 공유하게 된다. 친구를 좋아하는 감정이 서로 다른 차이를 극복하게 만들기 때문이다.

친구란 한 동아리의 사람이다. 서로 닮아서 한 동아리가 되기도 하지만, 한 동아리여서 점점 더 서로를 닮아가기도 한다. 친구는 거울처럼 나를 비춘다. 친구를 향해 뱉은 험담은 언젠가 부메랑처럼 내게 돌아온다. 현명한 사람이라면 친구를 헐뜯는 일이 결국 '나'를 해치는 일임을 안다. 친구에게 도움이 되는 충고를 하는 것도 중요하고, 친구에 대한 내 마음을 지키는 일도 중요하다. 그러나 더 중요한 것은 나를 잘 아는 관계를 만들고 그 관계 자체를 유지하는 일이다.

가재는 게 편이다. 늑대가 짖으면 개가 꼬리를 흔든다. 사람도 어슷비슷해야 한데 어울리기 마련이다. 그러나 지혜롭고 사리에 밝은 사람은 어진 사람을 가까이할 뿐 아니라 악한 사람도 마다하지 않는다. 선악을 두루 활용할 줄 알아야 비로소 성공한다는 것을 잘 알기 때문이다.

풍도는 지혜로운 사람은 남에게 원한을 사지 않는다고 했다. 원수를 잊지 않기 위해 가시덤불 위에 누워 잠을 청한 오나라 부차와 쓰디쓴 곰 쓸개를 핥으며 복수를 다짐한 월나라 구천의 이야기를 떠올려보자. 원통한 일로 응어리진 마음은 단단한 활이 되어 증오의 대상을 과녁 삼아 한 맺힌 화살을 날릴 복수의 기회만을 기다리게 될 것이다. 부글부글 끓어오르는 분노는 걷잡을 수 없는 불길과도 같다. 불이 물과 섞일 수 없듯 분노는 어떤 무엇과도 타협하지 않는다. 제아무리 빛나는 지혜일지라도 거리낄 것이 없는 상대의 분노 앞에서는 무력화된다.

지혜 지(智)는 알 지(知)에서 근원한 글자이지만 이 둘은 의미적인 측면에서 차이를 지닌다. 안다(知)는 것이 교육이나 경험을 바탕으로 한 지식의 섭렵을 나타내는 반면, 지혜롭다(智)는 것은 이치를 바르게 알고 일을 잘 처리해내는 정신적인 능력을 표현한다. 지(智)가 알 지(知)에 날 일(日)을 추가해 만든 글자인 것처럼, 지혜는 무수한 시간을 거쳐 경험으로 녹여낼 때 비로소 깨달음과 통찰을 이끌어낼 수 있다.

지혜로운 이는
선악을 활용할 줄 안다

성경에 이런 말이 있다. "하나님은 그 해를 악인과 선인에게 비추시며 비를 의로운 자와 불의한 자에게 내려주심이라."

해는 선과 악을 가리지 않고 공평하게 누구에게나 비춘다. 비 역시 의와 불의를 구분하지 않고 어디든 내린다. 해와 비는 똑같은 해와 비일 뿐이다. 부채 장수가 의롭지 않아서 비만 내리거나 나막신 장수가 부덕해서 해만 비치는 일은 일어나지 않는다. 해와 비가 선악을 가리지 않는 것처럼 화 역시 군자와 소인을 가리지 않는다. 소인이라는 이유로 해를 더 쪼이거나 비를 더 맞는 화를 당하는 일은 없다.

"지혜로운 사람은 선악을 잘 활용할 줄 안다." 풍도는 선은 취할 것으로, 악은 버릴 것으로 나누라고 말하지 않는다. 그저 선악을 잘 활용하라고 말하고 있다. 상대가 악해 보인다고 해서 멀리할 필요도 없고, 선해 보인다고 해서 무턱대고 가까이할 필요도 없다. 선해 보여서 마냥 좋아할 이유도 없고 악해 보여서 무조건 미워해서도 안 된다. 악하면 악한 대로의 쓸모가 있고 선하면 선한 대로의 쓸모가 있기 때문이다. 선과 악을 제대로 파악하고 전략적으로 잘 사용해내는 것. 그것이 바로 지혜이다.

《소인경》에서는 사람을 두루 사귀려면 사리에 밝은 사람이 되는 편이 더 낫다고 권한다. 사리에 밝은 사람은 선악의 가치 판단을 먼저 내세우지 않고 사물의 이치와 정황의 변화를 파악해 대처하기 때문이다.

어느 천재 소년의 죽음

중국의 3대 몽학서 중 하나인 《삼자경(三字經)》에는 항탁에 관한 이야기가 나온다. 바로 "옛날에 공자는 항탁을 스승으로 삼았다(昔仲尼, 師項橐)"라는 대목이다. 그런데 공자가 스승으로 삼을 만하다고 감탄했다는 항탁은 당시 그저 일곱 살 소년이었다. 항탁은 중국 고대 역사에서 사물의 이치에 밝은 신동으로 손꼽힌다.

어느 날 공자가 수레를 타고 가다가 길에서 성을 쌓고 놀이를 하는 아이들을 만났다. 수레가 다가오자 다른 아이들은 모두 수레를 피하여 길 밖으로 피했는데 유독 한 아이는 자신이 쌓은 성안에서 나오지 않고 있었다. 공자가 그 아이에게 수레를 피하지 않은 이유를 묻자 "사람은 위로는 천문(天文)을 알고 아래로는 지리(地理)를 알아야 하며, 그 가운데로 인정(人情)을 알아야 한다고 배웠습니다. 수레를 피하여 성(城)을 옮긴다는 말은 들어보지 못했습니다"라고 답하였다. 아이의 대답에 놀란 공자는 연이어 질문을 던졌고, 아이는 사물과 자연의 이치에 대해 거침없이 논리정연하게 대답을 이어갔다. 이러한 항탁에게 크게 놀란 공자는 "젊은 후학들을 두려워할 만하도다(後生可畏)!"라고 감탄하며 그를 스승으로 삼았다.

그 후 항탁은 어떻게 되었을까? 공자와의 일화를 소문으로 들은 제후들이 서로 항탁을 데려가고자 하였으나 항탁은 모두 거절하였다. 한편 항탁의 재주가 어느 한 제후에게 쓰이게 될까 두려워한 오나라에서는 자객을 보내 열두 살 어린 소년을 해쳤다.

남이 나보다 똑똑한 것을 싫어하는 게 사람의 마음이기에 똑똑함을 드러낸 항탁은 손해를 보는 정도를 넘어 목숨마저 잃고 말았다. 항탁이 공자 앞에서 똑똑함을 드러내지 않고 남들 앞에서 어리숙한 척 자신의 지식에 지혜를 채워갔다면 그의 운명은 바뀌었을지도 모른다. 강한 자가 살아남는 게 아니라 살아남는 자가 강하다고 했다. 천재가 늘 성공하여 살아남는 것은 아니다.

결코 나의 지혜를
드러내지 않는다

"사람들은 저마다 남은 어리석고 나는 똑똑하길 바란다." 언뜻 평범해 보이는 이 구절의 연원을 찾으면 기원전 5세기 아리스토텔레스가 정의한 희극 이론으로까지 거슬러

올라가게 된다. 아리스토텔레스는 희극을 가리켜 '평균보다 저급한 보통 이하의 인물들'이 등장하는 극이라 했는데, 여기서 저급함이란 대체로 인간적인 결함, 어리석음, 약점 등으로 풀이된다. 즉 희극은 우리보다 살짝 '모자란' 인물이 등장해 웃음을 유발하는 장르인 것이다.

희극은 비극과 더불어 인류의 가장 오래된 예술 양식 중 하나이다. 기원전부터 현재까지 존재하면서 인간 군상의 다양한 측면을 반영해왔다. 아리스토텔레스가 초석을 다져놓은 희극이론은 흔히 '우월이론'이라는 말로 집약되곤 한다. 희극에서 웃음은 어떤 사건이나 인물에 대해 어느 정도 '거리감'이 있어야 발생하고, 이러한 거리감은 곧 내가 그 인물보다 우월하다는 인식을 심어주기 때문에 만들어진다. 무대 위의 결함 있는 인물이 나와 닮았다면, 또 무대 위의 저급한 사건이 바로 내 일이라면 쉽사리 웃음이 나오지는 않을 것이다.

사람들은 나보다 덜 똑똑하거나, 덜 가졌거나, 덜 배운 사람에게는 경계심을 쉽게 풀어버린다. 내가 남보다 더 똑똑하고, 더 가지고, 더 배우고, 그래서 출세하고 싶은 것이 인간이 가진 기본적인 욕망인 것처럼, 나보다 부족한 사람에게 쉬이 너그러워지는 것도 인간이 가진 기본적인 심리 중 하나이다. 그러므로 "남들 앞에서 어수룩한 척하면 자기가 원하는 것을 더 크게 이룰 수 있다".

모르는 것처럼, 가지지 못한 것처럼 낮춰 행한다면 사람들은 알아서 스스로 경계를 풀고 먼저 다가와 나를 보듬어준다. 대중은 "내가 어리석은데 남이 나보다 똑똑한 것은 싫어한다". 그것이 인간의 보편적 심리이기 때문이다. 따라서 "나의 똑똑함을 드러내지 않아야 손해를 입지 않는다". 이것이 내가 손해를 입지 않고도 주변 사람들과 우호적인 관계를 맺을 수 있는 가장 간단한 방법이다.

지혜로운 사람은 남에게 원한을 사지 않는다.

5장

정의를 대하는 자세

節
義

절의
節義

겉으로는 군자지만 속으로는 소인인 사람이 진짜 소인이다. 겉으로는 소인이지만 속으로는 군자인 사람이 진짜 군자이다. 덕행을 갖춘 사람은 자신을 과시하지 않고 정의를 중시하는 사람은 해를 입을까 두려워하지 않는다.

사람들은 군자가 되고 싶어 하지만 실상은 소인의 말과 행동을 한다. 사실 군자가 되는 것은 어려운 일이다. 사람들은 소인을 비난하면서도 쉽게 정의를 저버린다. 소인은 사실 거리낄 일이 없기 때문이다. 군자는 되기가 어려운데도 얻는 것이 적고, 소인은 거리낌이 없는데도 얻는 것이 많다. 그래서 사람들은 대부분 소인이 된다.

지위가 높아질수록 소신을 지키기 어렵고 처지가 어려워질수록 정의를 고수하기 힘들다. 군자는 뜻이 더럽혀지는 것을 참지 못하고 소인은 몸이 상하는 것을 견뎌내지 못한다. 군자는 어지러운 세상을 벗어나 숨고 소인은 난세에서도 살아남아 성공한다.

현실적인 조건을 고려하지 않으면 절개도 지킬 수 없으니 상황이 궁색해지면 군자가 되기 어렵다. 목숨을 건다고 정의가 실현되지는 않으니 생명이 위협받으면 소인이 될 수밖에 없다. 이익과 손해만 따지는 것은 절개와 정의를 지키는 도리가 아니지만 그 또한 세상을 살아가는 방법이다.

節義 卷五
절의 권오

外君子而内小人者, 眞小人也. 外小人而内君子者, 眞君子也.
외군자이내소인자 진소인야 외소인이내군자자 진군자야

德高者不矜, 義重者輕害.
덕고자불긍 의중자경해

入慕君子, 行則小人, 君子難爲也.
인모군자 행즉소인 군자난위야

人怨小人, 實則忘義, 小人無羈也.
인원소인 실즉망의 소인무기야

難爲獲寡, 無羈利豊, 是以人皆小人也.
난위획과 무기리풍 시이인개소인야

位高節低, 人賤義薄. 君子不堪辱其志, 小人不堪壞其身.
위고절저 인천의박 군자불감욕기지 소인불감괴기신

君子避於亂也, 小人達於朝堂.
군자피어란야 소인달어조당

節不抵金, 人困難爲君子. 義不抵命, 勢危難拒小人.
절부저금 인곤난위군자 의부저명 세위난거소인

不畏人言, 惟計利害, 此非節義之道, 然生之道焉.
불외인언 유계리해 차비절의지도 연생지도언

신념을 지키려면
신념을 위해 죽지 마라

절개와 도의라는 옛 덕목은 오늘날 사회 구성원들 모두에
게 더 이상 일반적인 가치로 받아들여지지는 않는다. 정의
를 수호한다는 신념은 부질없는 영웅심의 발로로 여겨지
며, 정의 사회 구현이라는 말은 오히려 특정 집단의 정치
적 프레이즈로 보이기도 한다. '의리'의 사나이라고 자칭
하는 어느 배우의 구호는 의리라는 미덕에 대한 존경 때문
이 아니라 이제는 이미 존재하지 않는 가치의 희귀성 때문
에 주목받았다.

"사람들은 군자가 되고 싶어 하지만 실상은 소인의 말과

행동을 한다. 사실 군자가 되는 것은 어려운 일이다." 간혹 감당하기 힘든 일이나 불합리하다고 여겨져 화를 내게 되는 일이 있을 때 '내가 성인군자도 아니고 그 상황에서 어떻게 가만히 있을 수 있겠는가'와 같은 표현을 써서 자신이 한 행동이나 말에 대해 변명을 해본 경험이 있을 것이다. 이 말을 하는 순간 군자가 아님을 스스로 인정하고 군자와 자신의 거리를 확인하는 셈이다. 자신의 몸이 상하는 것이 두렵고 처지가 어려우면 정의를 고수하기 힘든 것이 더 현실적이기 때문이다.

실질을 좇아도
군자가 될 수 있다

대부분의 현대인들은 정의로부터 한 발짝 물러나 있다. 자신에게 걸림돌이 되는 것이 아니라면 굳이 정의를 지키기 위해 발 벗고 나서서 시간과 정력을 소모하지 않는다. 아니, 자기 삶에 직접적인 이익이 되지 않는 한 정의에 다가갈 여유조차 없다고 해야 할지 모른다. 전 지구적인 자본

주의 시대인 오늘날, 매사에 이해관계를 먼저 따지는 것은 생존을 위해 필수적인 행위로 인식된다. 사회 전체의 이익을 중시하기보다는 내가 속해 있는 소집단의 이해관계에 따라 이익을 좇는 님비현상이나 지역 이기주의가 형성되는 것도 어쩌면 자연스러운 일이다.

　소인은 상황에 따라 거리낌 없이 소인배가 되어 원하는 바를 얻는다. 소인배의 배(輩)란 무리나 집단을 가리키는 말이다. 많은 이들은 소인으로 살아가면서도 '소인배'로 규정되는 것은 거부하는 이중적 심리를 드러내기도 한다. 비록 자신은 소인이지만 다른 소인배들처럼 안하무인으로 사리사욕만 채운다고 여겨지기는 싫은 것이다. 자신을 희생해 정의를 실현하는 모험은 감히 할 수 없더라도 정의를 저버리는 무리에 적극적으로 동참하는 것을 원하지는 않는다.

　군자는 고결한 인품과 덕행을 갖추고 있지만 절대 과시하지 않는 사람이다. 군자는 너그러운 마음으로 사람을 사귀며 그 마음을 지키기 위해 애쓴다. 또한 사람의 마음을 잘 헤아릴 줄 알고 아랫사람을 배려한다. 아무리 곤란한 처지에 놓였다고 해도 결코 남을 현혹하는 법이 없다. 인을 중시하기에 절대 옛 인연을 버리는 법이 없다. 군자는 뜻이 더럽혀지는 것을 참지 못하며 정의를 위해서 기꺼이 목숨까지도 바칠 수 있다.

풍도가 말하는 군자도 여기서 크게 벗어나지 않는다. 다만, 풍도가 강조하는 군자는 그 이름에 얽매이지 않을 뿐이다. 군자라 하더라도 이상만 좇다가 실질을 놓친다면 진짜 군자라 할 수 없고, 소인이라 불릴지라도 실질을 좇아 그 덕목을 실행한다면 군자인 것이다.

주희는 성리학을 집대성한 주자학의 창시자로 불린다. 주자학은 21세기인 지금도 여전히 동아시아를 주도하는 주요 사상으로 자리 잡고 있다. 그의 핵심 사상 중 하나인 거경궁리론(居敬窮理論)은 도덕적으로나 인격적으로 완성된 군자가 되는 방법에 관한 이론이다. 군자가 되기 위해서는 사물의 이치를 구명하여 자기의 지식을 확고하게 하고(格物致知), 인격의 수양과 실천을 중시(存養省察)해야 한다. 이러한 노력을 바탕으로 하늘의 이치를 지키고 이기적 욕망을 제거(存天理去人欲)해야 비로소 이상적인 인간이 될 수 있다.

주희가 중국 역사상 가장 영향력이 큰 사상가 중 하나로

117

추대되고 있다는 점은 여전히 변함없는 사실이다. 그러나 그는 말년에 가식적이라는 비판을 받기도 했고, 도의를 저버린 비정한 위군자로 평가받기도 했다. 주희가 이론적으로는 완벽하게 군자가 되는 방법에 대한 내용을 구축했을지라도 주희의 실제 삶이 그에 완벽하게 부합하지 못했다는 점이 그에게 위군자라는 수식어를 덧붙이고 말았을지도 모른다.

　군자가 되기란 정말 어렵다. "군자는 되기 어려운데 얻는 것이 적고 소인은 거리끼는 것이 없는데 이익이 많다. 그래서 사람들은 모두 소인인 것이다." 사람은 일반적으로 이해관계에 따라 움직인다. 고결한 신념을 내세우지 않고 실질을 좇는 사람일수록, 대의명분만 따르지 않고 자신의 안위와 가까운 관계를 중시하는 사람일수록 더 타산적이다. 소인은 이익을 따져서 실속을 차리기 때문에 필요에 따라서는 다른 사람을 돕기도 하며 자존심을 내세우지 않고 남에게서 구하기도 한다. 소인은 매사에 도의적인 가치판단을 우선하지 않으며 큰 의미 부여를 하지 않으므로 언제든지 유연하게 기존 입장이나 태도를 바꿀 수 있다. 이것이 군자는 악하지 않은데도 근심이 끊이지 않고 소인은

선하고자 애쓰지 않는데도 마음 편히 살아갈 수 있는 이유
이다.

 서 있는 사람의 모습과 사람의 말이 결합한 신(信)이라는
글자는 말과 행동의 일치를 의미한다. 말과 행동이 일치하
는 삶은 누구나 꿈꾸는 이상적인 것이지만 언행일치의 삶
이 마냥 녹록하지는 않다. 일찍이 독일의 실존주의 철학
자 하이데거가 주장한 것처럼, 개별적 인간은 탄생과 함께
이 세계에 내던져진 존재이고 주어진 세계가 우리의 의향
대로 쉽게 바뀌지는 않기 때문이다. 우리는 우리를 둘러싼
세계 조건을 결정할 수 없으며, 이미 나를 에워싸고 있는
그 조건을 수용하지 않을 수 없다. 물론 수용의 방식에는
순응만 있는 것이 아니다. 우리는 타협하거나 도피할 수도
있고 죽음을 불사하며 끝까지 저항할 수도 있다.

 고대 중국의 시인 굴원은 원래 초나라의 왕족으로 대부
의 지위에까지 올랐던 사람이다. 그러나 사람이 지나치게
청렴하고 강직해서 그와 뜻을 달리하는 사람들의 모함을
받았다. 결국 그는 억울한 누명을 쓴 채 먼 지방으로 유배
되고 말았다. 그는 나라를 위해 일생을 바치고자 했던 뜻
을 이루지 못한 비통함에 "세상이 흐려서 온통 악에 물들

었는데 나 홀로 깨끗하고, 여러 사람이 다 취했는데 나 홀로 깨어 그 때문에 죄를 입고 추방되었네"라고 읊조렸다. 그때 마침 굴원이 서 있던 물가를 지나던 어떤 배에서 사공 하나가 그 시를 듣고 이렇게 화답했다고 한다.

"물결치는 창강의 물이 맑으면 갓끈을 씻고, 물결치는 창강의 물이 흐리면 발을 씻지."

사공의 이 말은 어떠한 삶을 살아가야 하는지 결정하는 것은 결국 나 자신이라는 점을 강조한다. 우리가 비록 세계에 던져진 존재이고 그 조건 자체를 바꿀 수는 없지만 스스로의 삶의 태도를 결정할 수는 있다는 말이다.

사람을 먼저 지켜야
신념도 살아남는다

우리의 판단은 이성과 논리만 따르지 않는다. 이성과 논리를 추구하더라도 결국 그 판단은 우리가 지닌 신념을 벗어날 수 없다. 16세기까지만 해도 지구가 움직인다는 지동설(地動說)은 창조주 하나님의 섭리를 부정하는 신성모독으로 간주되었다. 코페르니쿠스의 견해를 지지했던 갈릴레이는 "모든 천체가 지구를 중심으로 회전한다"라는 아리스토텔레스의 우주관을 지지하는 사람들에 의해 고발당했고 종교재판을 받았다. 종교재판에서 그는 지동설을 주장한 자신의 잘못을 인정했다. 그러나 그는 재판소 문을 나서면서 "그래도 지구는 돈다"라고 했다. 이 신화적 에피소드가 의미하는 것은 분명하다. 사람이 무엇을 말하더라도 마음속 신념 자체가 사라지는 것은 아니라는 사실이다.

신념은 결국 그 사람이다. 사람은 자신이 믿는 대로 살아간다. 굴원은 사공의 권유에도 불구하고 결국 멱라강에 몸을 던졌고 그가 그토록 지키고 싶었던 초나라는 그의 죽음과는 상관없이 멸망의 길을 걸었다. 갈릴레이가 비록 당시에는 자신의 신념을 굽혔다 할지라도 오늘날 인류는 갈릴레이가 믿었던 대로 지구가 태양의 둘레를 돈다는 것을 믿는다. 무엇을 말하고 무엇을 행하든, 말과 행동이 일치하기 위해서는 사람이 먼저 있어야 한다. 사람을 먼저 지켜야 신념도 살아남는다. 한나라 때의 백과사전인 《회남자(淮南子)》에 이런 구절이 있다.

"사람은 여유가 있으면 양보하고 부족하면 서로 다툰다. 양보를 하면 예의가 생겨나고 다투면 폭력이 난무한다."

다시 말해 쓸 것이 넉넉하면 욕심을 부릴 필요가 없어지고, 무엇이든 충분히 얻을 수만 있다면 타인과의 다툼은 자연히 줄어든다는 뜻이다. 우리의 친숙한 속담에도 "곳간에서 인심난다"라는 말이 있듯이, 삶의 여유란 상당 부분 물질에서 비롯되며 아울러 우리 마음은 '상황'에 따라 매우 가변적이다.

흔히 "난세가 영웅을 만든다"고 한다. 영웅까지는 아니더라도 역사의 변곡점은 언제나 해당 시기에 걸맞은 인재들을 등장시켜왔다. 특수한 '상황'은 특별한 사람을 만든다. 우리 시대는 어떨까? 기상이변으로 갑작스러운 자연재해에 시달리고 몇 년을 주기로 새로운 전염병이 돌며, 급변하는 디지털 기술로 인해 예측할 수 없는 수많은 변수와 싸워야 하는 데다가 인공지능과 로봇의 상용화로 이제는 기계와 밥벌이 싸움을 벌이는 우리 시대 역시 또 다른 의미에서 난세라고 할 수 있지 않을까?

"새로이 군주의 자리에 오른 자는 나라를 지키는 일에서 곧 이곧대로 미덕을 지키기가 어렵다는 점을 알아둬야 한다. 나라를 지키려면 때로는 배신해야 하고 때로는 잔인해야 한다. 인간성을 포기해야 할 때도 있고, 신앙심마저 잠시 잊어버려야 할 때도 있다. 그러므로 군주에게는 운명과 상황이 달라지면 그에 맞게 적절히 달라지는 임기응변이 필요하다."

너무나 유명한 마키아벨리 《군주론》의 이 구절은 자연스럽게 풍도의 《소인경》을 떠올리게 한다. 마키아벨리는 《군주론》에 자신의 모든 지식과 철학을 녹여냈으며, 《군주론》은 서양 근대사에 상당한 영향을 끼친 중요한 저작 중 하나로 평가받는다. 그러나 《군주론》을 집필한 마키아벨리는 반역의 혐의를 쓴 채 녹록지 않은 삶을 살았고, 《소인경》을 집필한 풍도는 청렴했으나 궁핍하지 않은 삶을 살았다. 모든 저작에는 저자들의 사상과 삶의 형태가 어느 정도 반영된다는 점을 감안해볼 때, 마키아벨리의 《군주론》이 목적을 위해 수단과 방법을 가리지 않는 권력의 기술론이라면, 풍도의 《소인경》은 훨씬 더 유연하고 지혜로운 조직 관리론이라고 할 수 있겠다. 그래서 《소인경》이 《군주론》보다는 더 인간적인 시선으로 접근한 사람에 대한 이야기로 읽힌다. 《소인경》은 내가 꼭 세상의 기준에 맞출 필요가 있는지에 대해 근원적인 질문을 던지게 한다. 《소인경》에서 소인은 '상황'에 따라 유연하게 대처할 줄 아는 현명한 인간상을 지칭하며 현실적인 승리자를 일컫는다. 살아남는 게 가장 큰 승리인 까닭이다.

절대적인 군자와
절대적인 소인은 없다

"사람이 총명하기도 어렵고 어리석기도 어렵지만, 총명한 사람이 어리석게 굴기는 더욱 어렵다. 조금 내려놓고 한 발짝 물러나면 마음이 편해지니 훗날 복이 오지 않을 리 없다."

청나라 서예가 정섭(鄭燮)의 말이다.

사람들은 보통 남이 나보다 잘나 보이는 것에 거부감을

갖는다. 남들의 반감을 최소화하기 위해서는 오히려 어수룩해 보여야 유리하다. 그래야 상대가 좀 더 쉽게 경계를 늦춘다. 그런데 안타깝게도 어리석은 사람은 실제보다 자신이 더 잘나 보이도록 꾸미고 싶어 한다. 진짜 총명한 사람은 잘난 척 자기를 내세우지 않는다. 어수룩해 보인다고 해서 자신이 작아지는 것은 아니다. 오히려 남이 자신을 경계하지 않을수록 일을 도모하기에 유리해진다.

군자라고 해서 언제나 반드시 군자일 수 없고 소인 역시 언제나 반드시 소인일 수 없다. 태평성대에는 소인도 굳이 정도(正道)를 지키지 않으면서 부당하게 재물을 모으거나 사람을 현혹할 필요가 없다. 그러나 세상이 어지러우면 군자라고 불리던 사람도 간사해질 수 있으며 법으로도 이러한 행위를 막을 수 없게 된다. 이 점은 곧 우리 삶에서 절대적인 군자란 있을 수 없으며, 역시 절대적인 소인도 있을 수 없다는 의미로 풀이된다. 즉, 세상의 이치는 반드시 천성을 따르는 것만도 아니고 또 반드시 행동에 따르는 것도 아니며 그저 '추세'에 따르는 것일 뿐이다. 그러므로 우리는 군자와 소인을 만들어내는 '상황'이 어떻게 변화하는지 살펴볼 필요가 있다.

사람은 자신이 믿는 대로 살아간다.

6장

눈치 있게 행동하기

明
鑑

명감
明鑑

잘 살피지 않으면 복을 복으로 누리지 못하고, 잘 예비하지 않으면 피할 수 있는 화도 피하지 못한다. 복이든 화든 그 조짐을 미리 알아차리면 어떤 일이든 원하는 대로 이룰 수 있다.

작은 신뢰들을 쌓아서 큰 전략의 토대로 활용하고, 작은 부분들을 살펴서 큰 계획을 마련한다. 일은 끊임없이 일어나고 말은 끝도 없이 생겨나므로 가장 가까운 사람도 경계해야 한다.

속으로 참아내면서 겉으로는 두려워하는 모습을 보이고 안으로 조심하면서 밖으로는 공손히 행동하면, 간사한 사람도 그 속내를 알아차릴 수 없게 된다. 조심할 줄 알면 복이 가까워지고 속내를 들키지 않으면 화가 멀어지므로, 때

를 살피면서 변화에 적응하면 어떤 상황에서든 무탈할 수
있다.

확실하게 믿을 수 있는 사람을 골라 쓸 줄 알아야 이익이
오래도록 모든 곳에 두루 닿을 수 있다. 하늘의 복은 누구
도 헤아릴 수 없으므로 다만 스스로 가진 것에 의지해야
한다.

남이 나를 간교함으로 대할 때는 나도 간교함으로 대응해
야 그 문제가 사라지고 저절로 평안해진다. 악을 승복시킬
때에는 인정을 베풀지 않아야 후환이 생기지 않는다. 계책
은 완전해졌을 때에 시행해야 하고 일은 지혜로운 사람들
이 도모해야 한다. 어리석음은 반드시 경계해야 할 일이다.

明鑑 卷六
명감 권육

福不察非福, 禍不豫必禍. 福禍先知, 事盡濟耳.
복불찰비복 화불예필화 복화선지 사진제이

施小信而大詐逞, 窺小處而大謀定.
시소신이대사령 규소처이대모정

事不可絶, 言不能盡, 至親亦誡也.
사불가절 언불능진 지친역계야

佯懼實忍, 外恭內忌, 奸人亦惑也.
양구실인 외공내기 간인역혹야

知誡近福, 惑人遠禍, 俟變則存矣.
지계근복 혹인원화 사변즉존의

私人惟用, 其利致遠.
사인유용 기리치원

天恩難測, 惟財可恃.
천은난측 유재가시

以奸治奸, 奸滅自安. 伏惡勿善, 其患不生.
이간치간 간멸자안 복악물선 기환불생

計非金者莫施, 人非智者弗謀, 愚者當誡哉.
계비금자막시 인비지자불모 우자당계재

눈치 있게 행동하려면
작은 것부터 살펴야 한다

우리가 사는 사회에서 자유란 기본적으로 남의 자유를 침
범하지 않는 한에서의 자유를 말한다. 과거 천만 도시라
불리던 대한민국 수도 서울은 줄곧 OECD 국가의 제1도
시들 가운데 가장 높은 인구 밀도를 유지해왔다. 2, 3위의
인구 밀도를 보이는 도시들과 비교해도 거의 서너 배에 이
르는 수치이다. 서울은 대한민국 인구의 5분의 1이 거주하
는 대도시이며, 대한민국은 전체적으로 인구 밀도가 높은
국가 중 하나이다.

　누군가는 이처럼 높은 인구 밀도가 대한민국 국민들의

'눈치'를 발달시켰다는 이야기를 우스개처럼 늘어놓기도 한다. 눈칫밥처럼 서러운 것은 없다고 하지만 많은 사람이 좁은 공간에 함께 사는 세상에서 눈치 있게 행동하는 것은 선택이 아닌 필수이다. 상대방에 대한 배려를 실천하는 방식이자 우리가 좀 더 사람답게 살아가도록 하는 매너의 기초이기도 하다.

눈치는 생존의
필수조건이 되었다

사전적 정의에 따르면, 눈치는 크게 두 가지로 나뉜다. 하나는 내가 남을 살피는 눈치이고 다른 하나는 내가 남에게 주는 눈치이다. 전자는 '때에 따라 상황으로 미루어 남의 마음을 짐작하는 것'을 가리키고, 후자는 '속으로 생각하는 바가 겉으로 드러나는 태도'를 가리킨다. 그러나 지극히 평범한 사람들이 사회생활의 조건으로 꼽는 '눈치'는 대개 전자를 가리킨다. 흔히 저 사람은 눈치가 있다거나 없다거나 하는 말들도 대부분 내가 남을 살피는 눈치에 주목하는 것이지, 내가 남에게 주는 눈치를 가리키는 경우는 거의 없다.

사실 이 두 가지는 모두 비언어적인 의사소통과 연관된다. 언어 이외의 몸짓이나 말의 뉘앙스, 전체적인 분위기 등 비언어적 신호는 때때로 우리도 모르는 사이에 단순한 언어나 문자 자체보다 더 많은 의미를 전달한다. 그런 의미에서 눈치는 비언어적인 의사소통에서 필수적인 능력이라고도 할 수 있다. 최근에는 누군가의 눈치뿐 아니라 상황의 맥락을 파악하거나 사회적인 분위기를 읽는 것도 눈치로 일컬어진다. 눈치라는 말의 의미가 공적으로 확장되고 있는 셈이다.

계급 사회에서 눈치는 주로 아랫사람이 봐야 하는 것이었다. 지위가 낮거나 신분이 비천하거나 가난한 사람은 눈치를 보기만 하지 눈치를 줄 기회가 없었다. 같은 신분에 속하는 사람들끼리는 항렬이나 나이가 위와 아래를 나누는 기준이 되기도 했다. 그래서 그런지 사람이 나이를 먹으면 점점 더 눈치가 없어진다는 말을 듣기 쉽다. 장유유서가 불문율인 사회에서 연장자는 더 이상 눈치를 볼 필요가 없고 주기만 해도 되는 위치를 점하는 경우가 많은 까닭이다. 그러나 우리는 이제 적어도 계급이 모든 것을 결정하는 사회가 공정하지는 않다고 생각하는 시대에 산다. 나이를 불문하고 모든 세대에서 눈치가 생존의 필수조건이 되는 이유가 여기에 있다.

우리는 모든 인간에게는 동등한 권리가 있다고 배웠다. 모두가 동등한 세상이라면 자유를 누릴 권리 또한 평등해야 마땅할 것이다. 그런데 자유에 대한 권리는 모두에게 동등해도 그것을 누릴 수 있는 시공간적인 여유는 동등하지 않은 것이 현실이다.

또한 모두가 함께 이용하는 공적 공간에서 자유에 대한 권리는 당연히 다른 사람에게 제약을 받는다. 내 권리가 남의 권리를 침해할 수도 있기 때문이다. 남에게 내 권리가 제약을 받는 것과 내가 내 자유를 확보하기 위해 남의 눈치를 살피는 것 가운데 어느 하나를 선택해야 한다면 당연히 후자가 우선 아닐까. 눈치 보지 않는 세상은 나 외에는 아무도 존재하지 않는 무인도밖에 없을 테니 말이다.

속내를 들키지 않아야
화가 멀어진다

우리 속담 중에 "눈치가 빠르면 절에 가도 젓갈을 얻어먹는다"는 말이 있다. 상대의 마음을 빠르게 파악하여 눈치 빠르게 대응하면 어디를 가도 군색(窘塞)한 일이 없다는 의미이다. 맞는 말이다. 눈치 빠른 사람은 상황 파악이 빨라 다른 사람들보다 앞서 적절한 말이나 행동을 취하기 때문에 자신에게 유리한 인적, 물적 자원을 확보하기가 쉽고 불리한 상황에서 빠르게 벗어날 수도 있다. "복이든 화든 그 조짐을 미리 알아차리면 어떤 일이나 원하는 대로 이룰 수 있는" 것이다. 닭의 갈비라는 뜻으로, 별 소용은 없지만 버리기에는 아까운 것을 이르는 '계륵' 이야기의 주인공인 양수는 바로 '눈치 백 단'의 대표적 인물이다.

위나라 조조가 촉나라 유비 군대와 한중 땅을 두고 대치하고 있을 때 조조 진영은 병사들도 지치고 군량도 얼마 남지 않아 불리한 상황에 처해 있었다. 이 싸움을 계속해야 할지 고민하고 있던 조조는 식사로 나온 닭국을 먹다가 "계륵이라……" 하고 곱씹으며 한중 땅에 대해 생각했다.

늦은 밤 조조 진영의 암호를 무엇으로 정할지 물으러 들어온 군사에게 조조는 계륵을 암호로 정해주었다. 그런데 조조의 문서 관리직을 맡았던 양수는 계륵이라는 암호를 전해 듣고 병사들에게 퇴각할 준비를 하라고 명령을 내린다. 행간에 담긴 뜻을 간파하여 조조가 한중 땅에 대해 고민하는 바를 알고 행동에 옮긴 것이다. 조조는 실제로 철수를 결정하게 되지만 군기를 어지럽혔다는 이유로 결국 양수를 참수한다. 양수가 여러모로 기재가 뛰어난 수하였지만 조조는 자신의 마음을 꿰뚫어 보는 양수가 훗날 어떤 일을 도모할지 염려되어 후환이 생기지 않도록 그런 결정을 내린 것이다.

조조와 양수의 일화는 "조심할 줄 알아야 복이 가까워지고 속내를 들키지 않아야 화가 멀어진다"는 것을 다시 한 번 확인시켜준다. 리더의 입장에서 부하가 눈치 빠르게 상황을 파악하여 자신과 손발이 척척 맞는다면 더할 나위 없이 좋을 것이다. 그러나 한편으로는 아무리 믿고 맡기는 부하라도 속마음까지 들키고 싶지는 않은 것이 인지상정이다. 뛰어난 기재로 조조의 의도를 파악한 양수에게 부족했던 것이 있다면 바로 때를 살피면서 조심하며 행동하지 않았던 점이다. 군주의 말에 행간의 뜻이 보였더라도 그때그때 내뱉지 않고 신중하게 대비했다면 작은 신뢰들을 쌓아 더 큰 복을 얻을 수 있었을 것이다.

작은 부분을 살펴
큰 계획을 마련한다

"복이든 화든 그 조짐을 미리 알아차리면 어떤 일이든 원하는 대로 이룰 수 있다." 그리고 그 조짐을 알아차리는 일은 눈치에서 비롯되고 눈치는 주변을 살피는 데서부터 출발한다. 사람이라면 속으로 생각하는 바를 어떤 형태로든 겉으로 드러내기 마련이고, 눈치가 있는 사람은 이러한 상대의 마음이나 생각을 얼마든지 짐작할 수 있다. 문제는 상대의 마음을 읽었을 때 내가 어떤 반응을 보이는가에 달려 있다. 상대가 보여주는 작은 행동들을 살피다 보면 어느 순간 일정한 패턴이 있음을 알게 된다. 그때가 바로 300건의 작은 사전 징후가 29건의 유사한 패턴으로 집약되는 순간이다.

하인리히 법칙은 흔히 '1:29:300 법칙'이라고 불리기도 한다. 큰 사고 한 건이 발생하기 전에는 유사한 작은 사고 29건이 발생하고, 사전 징후 300건이 선행한다는 경험법칙이다. 다시 말하면 큰 재해는 항상 사소한 것들을 방치할 때 발생한다는 이야기다. 이 법칙은 비단 재해라는 범주에만 한정되는 것이 아니다. 우리 삶의 거의 모든 측면에도 이를 적용해볼 수 있다. 기업에서든 정치권에서든 교육계에서든 유능한 리더는 작은 경험을 쌓고, 이를 토대로 다음을 예측하면서 큰 전략을 짜기 때문에 어떤 미래든 대비할 수 있는 것이다.

내가 하는 행동 역시 마찬가지다. 나 역시 상대에게 보여주는 300개의 작은 행동들로 신뢰를 쌓아두다 보면 어느 순간 29개의 좀 더 두터운 신뢰 영역으로 진입하게 되고, 이어서 곧 절대 무너지지 않는 1개의 무한 신뢰의 댐을 건설하게 된다. "작은 신뢰들을 쌓아서 큰 전략의 토대로 활용하고, 작은 부분들을 살펴서 큰 계획을 마련한다"는《소인경》의 이 구절은 예나 지금이나 모든 일은 작은 것에서부터 시작된다는 명언을 다시 한 번 상기시킨다.

《소인경》의 저자 풍도에 대한 평가는 시대에 따라 달라지고 있다. 몸담고 있던 나라가 망했으나 여전히 새로 건국된 나라에서 관리가 되었다는 측면에서 풍도에 대한 과거의 평가는 배은망덕한 간신배와 가까웠다. 그러나 현대로 올수록 풍도를 가리키는 키워드는 유연함과 실질, 실무로 집약되고 있으며, 나아가 '국가가 아니라 국민을 위해 복무한다'는 실천적 윤리로 탈바꿈되었다.

그러한 실천을 가능하게 한 바탕에는 바로 풍도의 '솔직함'이 있었다. 풍도는 애써 자신을 군자인 척 포장하지 않았다. 그저 자신이 생각한 바를 솔직히 드러냈고, 그 솔직함은 작은 것들을 실천하는 것에서 출발했다. 그 작은 것들로 풍도는 앞선 정권에서 신뢰를 쌓았고 마침내 재상의 자리에 올랐으며, 그 신뢰는 정권이 바뀐 이후에도 계속 영향을 미쳐 반평생 동안이나 그를 공직에 머물게 했다. 어떤 풍파에도, 어떤 시기에도 흔들리지 않는 절대적인 신뢰의 댐을 마침내 구축한 것이다.

자신의 마음을
절대로 들키지 마라

예부터 "열 길 물속은 알아도 한 길 사람 속은 모른다"고
했다. 중국의 유명한 속담에는 "호랑이를 그리되 가죽은
그릴 수 있지만 뼈는 그리기 어렵고, 사람을 알되 얼굴은
알 수 있지만 그 마음까지 알 수는 없다(畵虎畵皮難畵骨, 知
人知面不知心)"는 말이 있다. 재미있는 것은 호랑이 뼈를 그
리는 것에 대해서는 '어렵다(難)'고 쓰고 있지만, 사람의 마
음에 대해서는 단호하게 '알 수 없다(不知)'고 표현한다는
점이다. 이 속담은 겉모습만으로는 결코 사람을 이해하거
나 판단할 수 없음을 역설한다. 풍도는 이러한 이치를 역
으로 이용하여 "두려워하는 체하고 공손히 행동하면, 간사
한 사람이라도 그 속내를 알아차릴 수 없"으니 자신의 마
음을 절대 남에게 들키지 말라고 경고한다.

《명심보감(明心寶鑑)》〈성심편(省心篇)〉에서는 "물속 깊이
있는 물고기는 낚시로 낚을 수 있고, 하늘 높이 나는 기러
기는 활을 쏘아서 잡을 수 있다. 하지만 지척에 있는 사람
이라고 해도, 그 마음만은 헤아릴 수 없다"고 하였다. 물고

기와 새는 가까이 있으면 가까이 있는 대로, 멀리 있으면 멀리 있는 대로 그때그때 적절한 도구를 사용해서 잡으면 된다. 하지만 사람의 마음은 무엇으로든 온전히 소유할 수도 소유될 수도 없다. 아주 가깝다고 느끼는 사람일지라도 장담할 수 없는 것. 그것이 바로 마음이다.

성심(省心)에서 사용된 한자 살필 성(省)은 '성'으로 읽을 때는 '살피다'라는 뜻이지만 '생'으로 읽으면 '덜다, 절약한다, 생략하다'라는 뜻이다. 글자만 보고 풀이한다면, '성심'은 마음을 성찰한다는 뜻도 되지만, 마음을 덜어내고 절약하다, 마음을 생략한다고도 풀이할 수 있다. 우리는 보통 조금 친하다 싶으면, 마음을 놓게 되는 경우가 많다. 그러다 보면 자연스레 실수가 발생하고 실수가 반복되면 어느새 골이 생기고 만다. 막역한 친구 사이든, 한솥밥 먹는 식구 사이든, 상대를 향한 나의 마음과 나를 향한 그의 마음을 잘 살피고 단단히 챙겨야 한다. 그러려니 하는 마음으로 쉽고 가볍게 허물없이 대하면, 상대의 마음을 상하게 하거나 상처를 주기 때문이다. 마음도 절약할 줄 알아야 한다. 때로는 마음을 덜 쓰는 것이 넘치게 낭비해서 낭패를 겪는 것보다 낫다. 마음도 남용하면 불편해지고 위험해진다. 그래서 풍도는 "가장 가까운 사람이라도 경계해야 한다"고 강조한다.

　헤아리기 어려운 것이 사람의 마음이다. 그러므로 이러한 사람의 마음만 믿고, 마음에만 기대서 이루려고 해서는 안 된다. 뭔가 계획하고자 한다면 사람의 마음이 아닌 명확하게 보이는 것들에 우선적으로 의지해야 한다. 작은 부분일지라도 믿음 가는 행동들을 쌓아 이해관계를 넓혀나가고, 객관적인 태도로 목적에 따라 전략을 세워야 한다. 무턱대고 사람의 마음을 믿어서도 안 되고 쉽사리 내주어서도 안 된다. 마음을 덜어내고 아끼는 것! 이것이 바로 열 명의 군주를 섬기는 동안 풍도를 굳게 버틸 수 있게 했던 난세의 영험한 묘방이며, 또한 시대를 넘어 오늘날 우리에게도 적용되는 흔들림 없는 처방전이다.

사람의 마음은 온전히 소유할 수도 소유될 수도 없다.

7장

소문에 대처하는 태도

謗言

방언
謗言

감당할 수 없다면 논쟁하지 말아야 하고, 능력이 없다면 길게 말하지 말아야 한다.

꺼리는 부분을 공격하면 사람들은 거부하기 마련이다. 궁치에 몰린 사람은 스스로 무너질 수 있어서 쉽게 비방의 표적이 된다. 원한을 맺게 하고도 당사자는 모르게 할 수 있으니 비방이 절묘한 것이다. 조목조목 따지는데도 당사자가 해명하지 못하면 비방은 사실화된다. 나쁜 말을 퍼뜨려도 바로잡지 못하기 때문에 비방이 성공할 수 있는 것이다.

비방을 당했을 때 굳이 변명하지 않아도 사실을 통해 증명되면 사람들의 미움은 점차 줄어든다. 비방을 당했을 때 억지로 해명해서 진위가 뒤섞이면 사람들의 원한이 오히려 더해진다.

윗사람에게 신임을 잃으면 아랫사람이 헐뜯고, 아랫사람에게 신뢰를 잃으면 윗사람이 의심한다. 세상 이치에 기대어 책임은 미루고 문제는 최대한 덮으며, 민심에 따라 수습하고 믿을 만한 근거를 제시한다. 그러면 사람들을 완전하게 사로잡을 수 있다.

謗言 卷七
방언 권칠

人微不諍, 才庸不薦. 攻其人忌, 人難容也.
인미부쟁 재용불천 공기인기 인난용야

陷其窘地人自汚, 謗之易也.
함기군지인자오 방지이야

善其仇者人莫識, 謗之奇也.
선기구자인막식 방지기야

究其末事人未察, 謗之實也.
구기말사인미찰 방지실야

設其惡言人弗辯, 謗之成也.
설기악언인불변 방지성야

謗而不辯, 其事自明, 人惡稍減也.
방이불변 기사자명 인오초감야

謗而强辯, 其事反濁, 人怨益增也.
방이강변 기사반탁 인원익증야

失之上者, 下必毁之, 失之下者, 上必疑之.
실지상자 하필훼지 실지하자 상필의지

假天責人掩私, 假民言事見信, 人者盡惑焉.
가천책인엄사 가민언사견신 인자진혹언

억울한 소문에 시달린다면
말은 삼가고
사건은 최대한 신속하게 해결한다

조카의 보위를 빼앗고 스스로 국왕의 자리에 올랐다는 점
에서 잉글랜드의 리처드 3세는 조선의 세조에 비견할 만
하다. 리처드 3세를 더욱 유명하게 만든 셰익스피어의 사
극 〈리처드 3세〉는 그가 어떤 전략을 구사하면서 한 걸음
씩 왕좌에 다가갔는지 그 경로를 매우 드라마틱하게 보여
준다.

　궁중의 실세와 귀족들을 제 사람으로 만들며 조금씩 권
력욕을 드러내던 리처드 3세가 결정적으로 민심을 얻게
된 계기는 어린 조카 에드워드 5세가 사생아라는 '소문'을

퍼뜨리면서부터이다. 왕위 계승의 정당성을 의심한 민심은 급격히 리처드 3세에게로 기울었고 그 민심을 이용해 그는 마침내 그토록 원하던 권좌에 올랐다. 이미 왕위에 올랐으나 삼촌의 '비방(誹謗)'에 대처할 줄 몰랐던 열서너 살의 에드워드 5세는 그렇게 런던탑에 갇히게 되었고 거기서 짧은 삶을 마감했다.

감당할 수 없다면
논쟁하지 마라

잠시 《소인경》의 첫 장으로 돌아가보자. 선과 악은 어떻게 구별할 수 있으며, 또 누가 구분할 수 있는가? 일반적으로 기독교에서는 하나님만이 선악을 판단할 수 있다고 하고, 불교에서는 마음이 선악을 구분한다고 한다. 그러나 이것이 모두에게 통용되는 절대적인 기준이 될 수는 없다. 흥미롭게도 우리의 인생에서는 내 입장에서 생각하면 선이고 남의 입장을 두고는 악이라고 해석하는 경우가 비일비재하다. 그만큼 선과 악을 구분하는 기준이 명확하지 않다는 말이다.

소문과 비방도 마찬가지다. 소문과 비방은 진원지를 밝히기도 어려울 뿐만 아니라 설사 밝혀냈다고 해도 진위를 해명하기가 쉽지 않다. "억지로 해명해서 진위가 뒤섞이면 사람들의 원한이 오히려 더해진다." 소문과 비방이 없던 본래의 상태로 되돌리기는 더욱 어렵다. 흔히 어떤 사람이 소송을 겪었다고 하면 사람들은 무슨 일 때문인지, 누구의 잘못인지를 따지기 전에, 법률적 다툼이 있었다는 그 자체만을 기억하려고 한다. 그래서 당사자가 억울함을 설파하기도 전에 '문제적 인간'으로 낙인이 찍힌다.

가장 현명한 방법은 애초에 소문과 비방의 근거를 제공하지 않는 것일 테지만, 어쩔 수 없이 소문과 비방에 휘말렸을 때는 "감당할 수 없다면 논쟁하지 말아야 하고, 능력이 없다면 길게 말하지 말아야 한다".

명예는 일단 훼손되면
되돌리기 어렵다

"나쁜 일은 천리 밖에 난다"고 했다. 좋은 것보다는 나쁜 일에 대한 소문이 더 빨리 멀리까지 퍼진다. 오죽 빨리 퍼졌으면 바람같이 떠도는 말이라고 하여 '풍문(風聞)'이라고 했겠는가. 사실이나 정보의 진실성과는 전혀 상관없이, 바람처럼 빠르게 퍼져나가는 것이 바로 소문이다. 진실을 의심하는 사람도 없고, 책임지는 사람 또한 없는 오늘날의 '카더라 통신' 역시 소문의 또 다른 변형체이다.

악플이 사회 문제가 된 것은 어제오늘 일이 아니다. 장난이든 고의든 악플의 동기는 그다지 중요하지 않다. 무서운 것은 비방을 당하는 사람이 악플러의 모욕적인 언사와 헛소문에 대한 피해를 오롯이 감당해내야 한다는 점이다. 2001년에 사이버 명예훼손죄가 신설되었다. 사이버 명예훼손죄는 '공연히 사실이나 허위사실을 적시(摘示)하여 사람의 명예를 훼손함으로써 성립하는 범죄'로 규정된다.

중국어에서는 '훼손'을 '더럽히고 손상시키다'는 뜻을 지닌 '오손(汚損)'이라는 단어로 표현하곤 한다. 글자 그대로 명예는 한번 더럽혀지면 망가지고 깨져서 다시는 못 쓰게 되는 경우가 허다하다. 자신의 실수나 잘못 때문이 아닌 누군가 악의적으로 퍼뜨린 소문에 의해 훼손된 명예라고 할지라도, 일단 무너지면 회복하기 힘들다.

한 중학교 교실에서 지갑이 분실된 상황을 가정해보자. 누군가가 한 아이를 지목한다. 지갑이 보이지 않았을 때쯤 아이 혼자 교실에 남아 있었다고 말한다. 마침 이전에도 비슷한 사건으로 의심받았던 전적이 있다. 그 아이의 가방을 뒤져보았지만 지갑은 나오지 않았다. 그래도 많은 아이들은 여전히 그 아이를 의심한다. 지갑을 본 적도 탐낸 적도 없는 이 아이가 자신이 도둑질을 하지 않았음을 증명하기 위해 어떤 객관적인 증거를 제시할 수 있겠는가.

그런데 만약 이 아이가 억울함 때문에 순간의 화를 참지 못하고 같은 반 아이들에게 욕설을 퍼붓거나 강하게 반응하기라도 한다면 상황은 어떻게 될까. 오히려 거세게 맞선 아이의 행동만 부각되어 또 다른 소문 거리를 만들거나 상대에게 꼬투리 잡힐 빌미만 제공하는 격이 될지도 모른다. 순식간에 피해자가 가해자로 둔갑하는 순간이다.

"조목조목 따지는데도 당사자가 해명하지 못하면 비방

은 사실화된다. 나쁜 말을 퍼뜨려도 바로잡지 못하기 때문에 비방이 성공할 수 있는 것이다." 비방을 당하는 사람은 아무리 억울해도 자신의 결백을 인정받기 힘들 때가 많다. 비방은 대부분 존재하는 사실을 부정하는 일보다 하지도 않은 일을 했다고 주장하는 경우에서 발생할 때가 많기 때문이다. 엄연히 존재하는 사실이라면 몰라도, 존재하지도 않는 일을 입증해내는 것은 어렵다. 그래서 소문은 되돌릴 수도 복구될 수도 없다는 치명적인 파괴력을 지닌다. 소문은 아니 땐 굴뚝에도 연기를 낼 수 있다.

평가는 시대에 따라
뒤바뀐다

일은 내가 하지만 그에 대한 평가는 내가 하는 것이 아니다. 우리가 남의 평가와 평판에 신경을 쓰는 이유가 여기에 있다. 일에 대한 결과는 내가 책임질 수 있지만, 그에 대한 평가는 내가 책임질 수 없기 때문이다. 누구라도 마찬가지다. 평판에 신경을 덜 쓰는 사람은 있어도 아예 신경

쓰지 않는 사람은 없고, 좋은 평판을 굳이 기대하지 않았더라도 나쁜 평가는 피하고 싶은 것이 인지상정이다.

중국 위나라 때 임금의 총애를 한 몸에 받았던 아름다운 소년이 살았다. 미자하라는 이름의 이 소년은 어느 날 어머니가 위독하다는 소식을 듣고, 급한 마음에 임금의 수레를 타고 출궁해 병문안을 다녀왔다. 임금의 수레를 함부로 타는 것은 발을 잘리는 형벌을 받아야 할 큰 죄에 속했지만, 임금은 도리어 미자하의 효심이 지극하다는 이유로 그를 용서했다.

어느 날은 미자하가 복숭아를 먹었는데 너무도 맛이 좋아서 그 복숭아를 임금에게 가져다주었다. 신하가 임금에게 먹던 것을 주는 행위는 사형에 처해질 수 있는 큰 죄였지만, 임금은 맛 좋은 과실을 혼자서 먹지 않고 주었으니 그 마음이 갸륵하다며 오히려 칭찬을 했다.

세월이 흘러, 미자하는 나이를 먹었고 임금의 사랑도 식었다. 미자하가 보기 싫어진 임금은 갑자기 옛일들을 떠올리고 지나간 죄를 물어 그에게 중벌을 내렸다.

같은 사람의 같은 행위도 때에 따라 다른 평가를 받게 된다는 것을 알려주는 고사성어 '여도지죄(餘桃之罪)'는 바로 이 위나라의 옛일에서 나온 것이다.

사건 자체는 변화하지 않았는데 그에 대한 평가가 바뀌는 일이 종종 있다. 때와 장소에 따라, 때로는 사람의 마음에 따라 판단이 달라지기도 한다. 새로운 관점이 등장해서 과거의 사건에 소급 적용되는 일도 적지 않다. 달라진 기준에 따라 평가를 받게 되면 해명을 하는 게 더더욱 어려울 수도 있다. 때로는 해명을 하면 할수록 사건이 일파만파 번지기만 할 뿐 좀체 수습되지 않는다. 명예를 중시하는 사람에게 이런 사건은 그 자체로 치명적인 상처로 남을 수도 있다.

문제의 원인을 찾아
매듭짓는 것이 우선이다

살다 보면 구설에 오르거나 근거 없는 비난을 받는 억울한 경험을 하게 된다. 풍도가 언급했듯이 "비방을 당했더라도 사실을 통해 증명되면 오해가 풀리고 사람들의 미움도 점차 줄어든다".

예전에 살인 누명을 쓰고 20년이 넘도록 억울하게 복역한 사람이 있었다. 그러나 그는 다행히도 끝까지 사건을 파헤친 변호사 덕분에 자신의 결백을 밝히고 출소할 수 있었다. 결국 그에게 씌워진 살인의 죄는 벗겨졌고 사람들의 비난도 잦아들었다. 긴 세월을 절망에 갇혀 지낸 그의 인생을 안타까워하는 사람들도 있었다. 만약 왜곡된 사건에 대해 끝까지 의문을 품고 증거를 찾아 진실을 규명한 변호사가 아니었더라면 그는 아마도 영원히 억울함을 풀지 못했을지 모른다.

복잡한 인간관계 속에 얽혀 지내다 보면 많은 일들이 일어나고 또한 예기치 않은 결과와 마주하기도 한다. 다수에게 비난을 받는 일이 생기면 관심이 없던 소수의 사람들도 그를 헐뜯고 비판하게 된다. 익명의 다수는 책임을 질 필요가 없으므로 평가는 더 신랄해지고 비난의 수위는 갈수록 높아진다. 여론의 비난이 거세질수록 실질적인 평가에도 영향을 줄 가능성이 높다. 말도 일종의 행위이기에 말 또한 사건을 일으키는 힘이 있는 것이다.

따라서 해명은 사실을 간략하게 말하는 데서 그치고 사건은 최대한 빨리 해결하도록 힘써야 한다. 단순히 일을 막는 데 그치는 것이 아니라 문제의 원인을 찾아 매듭짓는 것이 우선이다. 그때는 맞고 지금은 틀린 일이라면 정직한 사과가 가장 빠른 해결책이 될 수도 있다. 아니 땐 굴뚝에서도 연기는 날 수 있지만, 연기에서 진짜 불씨가 튀는 일만큼은 막아야 한다.

선과 악을 구분하는 기준은 명확하지 않다.

8장

이미지 메이킹

示僞

시위
示僞

꾸밈이 없으면 실질도 없다. 실질은 꾸밈을 꺼려하지 않는다. 꾸밈은 실질을 대체할 수 없기 때문이다. 꾸밈을 꺼린다면 오히려 꾸밈과 실질을 분별할 수 없게 된다.

꾸밈만으로는 화가 될 수 없다. 실질은 싫어도 바꿀 수 있는 것이 아니다. 윗사람을 따르는 일이면 꾸밈도 허물이 아니지만, 윗사람을 거스르는 일이면 실질이라도 죄가 된다.

얻고자 하면 직설적으로 구하지 말고 완곡하게 표현해야 한다. 거절하고자 하면 확실하게 선을 긋지 말고 에둘러서 표현해야 잃는 것이 없다.

충(忠)의 핵심은 인(仁)이다. 군자는 인을 중시하기에 옛 인연을 버리지 않는다. 인의 핵심은 실행이다. 그러나 소인은 실행할 때 은혜에 연연하지 않는다.

군자는 곤란해도 남을 현혹하지 않고, 소인은 영달하면 남에게 휘둘리지 않는다. 꾸밈은 꾸밈이고 실질은 실질이므로 꾸밈 때문에 곤궁하거나 영달하는 것은 아니다.

상식과 예의에서 벗어나는 것은 꾸밈이 아니고, 악을 행하면서까지 약속을 지키는 것은 신의가 아니다. 조건은 제각기 다르고 상황은 바뀌기 마련이다.

示僞 卷八
시위 권팔

無僞則無眞也. 眞不忌僞, 僞不代眞, 忌其莫辯.
무위즉무진야 진불기위 위부대진 기기막변

僞不足自禍, 眞無忌人惡.
위부족자화 진무기인오

順其上者, 僞非過焉, 逆其上者, 眞亦罪焉.
순기상자 위비과언 역기상자 진역죄언

求忌直也, 曲之乃得, 拒忌明也, 婉之無失.
구기직야 곡지내득 거기명야 완지무실

忠主仁也, 君子仁不棄舊.
충주인야 군자인불기구

仁主行也, 小人行弗懷恩.
인주행야 소인행불회은

君子困不惑人, 小人達則背主, 僞之故, 非困達也.
군자곤불혹인 소인달즉배주 위지고 비곤달야

170

俗禮不拘者非僞, 事惡守諾者非信.
속례불구자비위 사악수락자비신

物異而情易矣.
물이이정역의

이미지 메이킹이 필요하다면
재현의 방식에 유의해야 한다

기호와 그 기호가 의미하는 내용의 결합 관계가 언제나 필연적인 것은 아니다. 선인가 악인가, 군자인가 소인인가 하는 것도 따져보면 결국 외부의 평가에 따라 붙여진 이름일 뿐이다. 그마저도 시대와 상황, 조건 등에 따라 충분히 다른 이름으로 변화할 유동성을 갖고 있기에 어쩌면 허울에 불과하다.

　타인이 나를 어떻게 부르든, 그것은 중요하지 않다. 내 이름에는 나를 가리키는 여러 평판이 내재된다. 긍정적 평판이든 부정적 평판이든 그것 모두가 곧 '나'를 규정하기 때문이다. 평판이 어떻든, 중요한 것은 나 자신이라는 진짜 실체, 즉 '본질'에 집중하는 일이다.

　불안증이나 우울감을 경험한 사람들의 상당수는 타인의 평가에 대해 지나치게 걱정하거나 신경을 쓰는 성향을 지녔다고 한다. 어떤 이름으로 불리는가에 따라 그 실체가 규정된다는 것은 다양한 이름만큼이나 다양한 실체가 존재한다는 말로도 이해할 수 있다. 중요한 것은 다른 사람이 나를 어떻게 부르고 어떻게 규정하느냐가 아니라, 내가 나를 어떻게 '메이킹'하여 어떤 '이미지'를 보여주느냐에 달려 있다. 그래야 내가 내 삶을 주도할 수 있다.

외부 조건에 흔들리지 마라

어떤 배우를 특정 감독의 '페르소나(persona)'라고 부르기도 한다. 우리는 이 말을 특정 배우나 그가 연기한 캐릭터가 감독의 '분신'이라는 의미로 받아들인다. 본래 페르소나는 기원전 그리스시대 연극에서 배우들이 썼던 '가면'에서 유래했다. 이후 사람(person)과 성격(personality)을 뜻하는 단어의 어원이 되었고, 의미가 더욱 확장되어 '이미지 관리를 위해 쓰는 가면'이라는 뜻으로도 쓰이게 되었다.

심리학자 칼 융(Carl Gustav Jung)은 인간이 가진 '네 가지 자기 원형'을 설명하면서 이 중 하나로 페르소나의 개념을 끌어온다. 융에 따르면, 페르소나는 정신의 외면을 보여주는 외적 인격으로서 개인이 집단에게 보여주는 겉모습을 지칭한다. 즉 사회의 요구와 내 무의식 사이에서 스스로 만들어낸 가면이라는 것이다. 그러나 페르소나에 압도되면 압도될수록 자신의 본성에서 점점 멀어지고 사회에서 요구하는 가면의 무게가 커지게 된다. 그럴수록 보이는 나와 본래의 나 사이에서 발생하는 긴장감은 높아질 수밖에 없다.

분석심리학에서 모든 내담자에게 주지시키는 핵심 내용은 외부 조건, 타인의 마음, 현실 상황 등을 바꾸려 애쓰지 말고 자신의 마음을 바꾸라는 것이다. 상대방이 내 마음을 알아주지 않았다고 해서 서운해하거나 미워하지 말고, 동료가 나보다 먼저 승진했다고 좌절해서 곧바로 뜻을 꺾어 이직하거나 퇴사하지 말고, 내가 가진 것을 남들과 비교하지 말라고 조언한다. 《소인경》에서 반복해 강조하고 있는 것처럼, 객관적 사실과 현실적 조건은 바꾸기 어렵기 때문이다.

내 힘으로 어찌할 수 없는 외부 조건이나 상황과 씨름하느라 에너지를 쓰면서 좌절을 반복하는 것은 어리석은 선택일 수 있다. 그보다는 내가 마음을 고쳐먹고 흔들림 없는 평상심을 유지하며 일상적인 삶의 소소하고 확실한 행복을 맛보는 것이 더 타당한 선택이다.

꾸밈은
실질을 대체할 수 없다

"실질은 꾸밈을 꺼려하지 않는다. 꾸밈은 실질을 대체할 수 없기 때문이다." 1900년대 초 다빈치의 〈모나리자〉에 대한 진위 논란으로 세상이 떠들썩한 적이 있었다. 거의 같은 시기에 여러 명의 미국인이 고액을 주고 〈모나리자〉를 구입했다고 주장했다. 그들이 소유한 〈모나리자〉가 정말 진짜인지 아닌지 판단하기 힘들었던 이유는 루브르박물관에 소장되어 있던 진품 〈모나리자〉가 도난당했기 때문이다. 가짜임을 증명할 수 있는 유일한 기준과 근거는 진짜를 제시하는 방법뿐이다. 진위를 가리게 해주는 진짜의 부재는 혼돈과 무질서를 초래한다.

진짜와 가짜에 대한 이슈는 시대를 따지지 않는다. 몇 년 전 미국에서 충격적인 영상이 하나 공개되었다. 전임 대통령이 현직 대통령을 대놓고 비난하는 영상이었다. 당시이 영상은 전 세계를 충격에 빠뜨릴 뻔했지만 나중에 해당 영상이 딥페이크 기술로 제작된 허구로 밝혀지면서 사건은 해프닝으로 일단락됐다. 딥페이크란 말은 딥러닝(deep learning)과 가짜(fake)의 합성어로서 인공지능 기술을 활용해 특정 인물의 얼굴이나 신체 등을 합성한 편집물을 가리킨다. 이제 어떤 사람의 사진 한 장과 몇십 초 분량의 음성 파일만 있으면 아주 자연스러운 가짜 영상을 만들 수 있는 세상이 되었다. 자칫하면 거짓과 꾸밈에 현혹되고 마는 일상을 살게 된 것이다.

최근 한국에서는 여야 모두 선거 홍보에 딥페이크 기술을 활용했다. AI로 후보자의 특징을 잘 살린 모습을 구현해내되, 후보자의 약점이 될 만한 평소의 말투나 행동을 미리 단절할 수 있다는 점에서 딥페이크 기술은 후보자의 이미지 메이킹에 도움이 되었다.

　그러나 AI로 만들어낸 후보자의 이미지가 아무리 실제 모습보다 더 정제되고 다듬어질 수 있다고 해도 메이킹한 이미지는 이미지일 뿐이다. 이미지가 실제를 대신할 수는 없다. 딥페이크 기술을 통해서만 후보자를 접하다가 실물을 보고 실망할 수도 있고, 반대로 영상에서는 크게 호감을 갖지 못했다가 실제 모습에 좋은 감정을 품을 수도 있을 것이다.

　가짜와 진짜, 실질과 꾸밈이 바뀌지는 않는다. 꾸미는 것은 가능하지만 실질은 엄연하기에 풍도는 "실질은 싫어도 바꿀 수 있는 것이 아니"라고 한 것이다.

　AI로 만들어낸 이미지가 멋들어지다고 해서 좋은 것도 아니고 실제가 더 투박하다고 해서 나쁜 것도 아니다. 꾸밈은 실질이 아닌 그저 꾸밈에 지나지 않기 때문이다. 꾸밈 자체는 좋고 나쁨으로 규정할 수 없다. 좋게 사용하면 좋고 나쁘게 사용하면 나쁘다. 꾸밈의 목적은 오직 꾸밈을 사용하는 사람의 의도에 의해 결정된다. 다른 사람의 것을 몰래 가져다 쓰면 표절이 되고, 존경의 마음으로 인용하면 오마주가 되는 것처럼 꾸밈의 본질은 좋고 나쁨으로 구별

되지 않는다. 그래서 풍도는 "상식과 예의에서 벗어나는 것은 꾸밈이 아니"라고 했다. 결국, 누가 어떻게 조율하느냐에 따라 꾸밈의 용도와 결과는 달라진다.

형식이 본질을 드러낸다

《논어(論語)》에 이런 말이 있다.

"내용이 형식을 이기면 거칠거나 촌스럽고, 형식이 내용을 이기면 허울만 좋은 것이 된다. 내용과 형식이 완전히 부합한 이후에나 군자라 불릴 수 있는 것이다(質勝文則野, 文勝質則史. 文質彬彬, 然後君子)."

형식은 겉으로 드러난 꾸밈일 뿐이라고 생각할 수 있지만, 형식이 갖추어지지 않으면 그 안의 본질을 드러낼 방법이 없다. 마치 우리 머릿속의 생각과 감정이 적절한 말이나 글의 꾸밈 없이는 밖으로 드러나기 어려운 것이나 마찬가지다.

어떠한 생각과 감정이라도 말과 행동을 통해서만 밖으로 드러날 수 있다. 그러나 생각하는 모든 것들을 다 입에 담을 수 있는 것도 아니고, 느끼는 모든 감정들을 다 행동으로 옮길 수 있는 것도 아니다. 실질을 드러내는 표현의 형식은 다양할 뿐 아니라, 다양해질 필요도 있다. 같은 생각이나 감정이라도 때와 장소에 따라서 제각기 다른 방식으로 전달되는 것이 더욱 효과적일 수 있기 때문이다. 때로는 받아들일 대상에 따라서도 표현은 달라지지 않으면 안 된다.

형식을 바꾸는 것이 내용에 영향을 주지 않는다면, 내용을 더 잘 전달할 수 있는 표현의 방식을 고려하는 것이 당연하다. 동시에 형식은 어느 정도 내용을 규정한다. 아무리 좋은 의도를 가지고 있는 내용이라도 사람들이 동의할 수 있는 형식의 틀을 벗어나는 것은 문제가 될 수 있다. 형식은 얽매일 필요가 없는 것이기는 하지만 존중할 만한 충분한 가치가 있다.

인간을
인간답게 하는 덕목

"먹고 마시는 것, 이성이 서로를 바라는 것. 사람의 가장 큰
욕망이 바로 거기에 있다(飮食男女, 人之大欲存焉)."

이것은 《예기(禮記)》〈예운(禮運)〉편의 한 구절이다. 인간
의 예의범절을 논하는 이 경전은 사람이 지닌 원초적 본능
으로서의 식욕과 색욕을 부정하지 않는다. 오히려 이를 예
의범절 운용의 전제로 삼는다. 먹고 마시는 것은 생물의
개체가 지닌 원초적 본능이고, 이성이 서로를 바라는 것은
그 생물의 종을 존속하도록 하는 원초적 본능이다. 그런데
이 본능은 동물과 인간을 막론하고 존재하는 것이다.
  그렇다면 사람은 동물과 뭐가 다를까? 동물에게 동물
의 방식이 있다면, 사람에게는 사람의 방식이 있다. 그 방
식이 사람을 사람답게 만든다. 사람은 나면서부터 매너 있
는 존재가 아니라, 적절한 매너를 지킴으로써 사람다워지
는 존재인 것이다. "매너가 사람을 만든다(Manners Maketh
Man)"라는 말을 떠올려보자.

크게 사람은 두 부류로 나누어 볼 수 있다. 실질과 내용이 중요할 뿐 겉모습은 대수롭지 않다고 여기는 부류와 보기 좋은 떡이 먹기도 좋다는 생각을 가진 부류이다. 실질과 내용을 중시하는 사람이라면 때와 장소에 따른 차림이나 언행에 대해 크게 신경 쓰지 않고 하고자 하는 말을 직설적으로 표현하고 꾸밈없이 행동할 수도 있다. 이와 달리 꾸밈과 형식을 중시하는 사람이라면 외모나 말, 행동을 사회가 공인하는 방식에 맞춤으로써 다른 사람과 원만하게 소통하고 교제하는 데 더 방점을 둘 수도 있다. 속이 꽉 찼다고 해서 꾸밀 필요가 없는 것도 아니고 알맹이가 부실하기 때문에 포장을 그럴싸하게 하는 것도 아니다. 대부분의 경우 꾸밈은 실질에 따라 드러나는 것일 뿐이다.

"꾸밈을 꺼린다면 오히려 꾸밈과 실질을 분별할 수 없게 된다." 꾸밈을 꺼려하는 사람은 겉과 속이 다르지 않으니 진솔하다고도 할 수 있겠지만, 지나치게 직설적인 방식만이 진심을 전달하는 가장 좋은 수단은 아니다. 충고를 하겠다는 의도에서 조금의 숨김도 없이 신랄한 표현을 사용한다면 오히려 친구의 감정을 상하게 하고 마음을 닫게 할 수도 있다. 칼같이 딱 잘라 거절하는 방식을 똑 부러진다고 말할 수도 있지만, 상황을 가리지 않고 모든 관계에서 그런 방식을 고수한다면 온전한 실질마저 흠집이 나고 말 것이다. 물론 실질을 뛰어넘는 지나친 꾸밈은 이미 거짓이고 위선이다. 실질을 실질답게 하기 위해서도 그에 걸맞은 형식이 필요하다.

고대 중국에서 행해지던 여섯 가지 교육과목인 육예(六藝)에는 음악, 활쏘기, 말 타기, 붓글씨, 수학과 더불어 예법이 포함되어 있었다. 예는 곧 예절 바른 차림새나 태도를 가리킨다. 《논어》〈계씨〉편에 이런 내용이 있다. 진항이 공자의 아들 백어에게 아버지로부터 특별한 교육을 받았는지 묻자 백어가 다음과 같이 답했다.

"아버지께서 '시(詩)를 배웠느냐'고 물으시기에 '아직 배우지 않았습니다'라고 답했더니 아버지께서 '시를 배우지 않으면 다른 사람과 대화할 수 없다'고 하셔서 시를 배웠습니다. 또 아버지께서 '예(禮)를 배웠느냐'고 물으시기에 '아직 배우지 않았습니다'라고 답했더니 '예를 배우지 않으면 다른 사람 앞에 설 수가 없다'고 하셔서 예를 배웠습니다."

공자는 시를 통해 말하는 법을 배우고 예를 통해 행하는
법을 배워야 한다고 여겼다. 바르게 말하고 옳게 행동하는
법은 사람과 소통하고 사람을 존중하는 가장 기본적이고
도 중요한 원칙이기 때문이다. 상식과 기본을 벗어나지 않
는 말과 행동의 꾸밈은 예나 지금이나 사람이 배우고 갖추
어야 할 덕목이다.

실질을 실질답게 하기 위해서는

형식이 필요하다.

9장

마음까지 사로잡기

降
心

항심
降心

사람을 대할 때도 지혜가 있어야 한다. 그러한 지혜가 모자라면 사람들이 등을 돌리게 된다. 사람을 굴복시킬 수는 있어도 마음까지 승복하게 하기는 어렵다.

윗사람에게 총애를 받는 사람이라도 드러내놓고 귀하게 여기지 말아야 하고, 윗사람에게 미움을 받는 사람이라면 은밀하게라도 결탁해서는 안 된다. 어떤 일을 노골적으로 드러나게 꾸민다면 목적을 달성하거나 승리를 장담할 수 없다.

군자는 인정에 약하므로 주변 사람을 볼모로 삼으면 저절로 따르게 된다. 소인은 매서운 기세를 두려워하므로 지속적으로 약점을 파고들면 스스로 항복하게 될 것이다.

이치를 따질 때는 완곡하게 표현해야 하고 충고를 할 때는 지나치게 따지지 말아야 한다. 상대방이 싫어하지 않아야 목적을 달성할 수 있기 때문이다. 감정은 훤히 드러내지 말아야 하고 일은 너무 티 내면서 하지 말아야 한다. 상황을 보아가며 움직여야 성과를 거둘 수 있다.

군자는 인 때문에 죽을 수 있지만 소인이 의 때문에 멸망하지는 않는다. 그러므로 인과 의도 정도를 지켜야 한다. 어진 사람에게 위엄을 보여야 하는 것처럼, 간악한 사람에게도 은혜를 베풀어야 한다. 어진 사람에게든 간악한 사람에게든 은혜와 위엄은 어느 한쪽으로 치우쳐서는 안 된다.

降心 卷九
항심 권구

以智治人, 智窮人背也. 伏人懾心, 其志無改矣.
이지치인 지궁인배야 복인섭심 기지무개의

上寵者弗明貴, 上怨者休暗結.
상총자불명귀 상원자휴암결

術不顯則功成, 謀暗用則致勝.
술불현즉공성 모암용즉치승

君子制於親, 親爲質自從也.
군자제어친 친위질자종야

小人畏於烈, 奸恒施自敗也.
소인외어렬 간항시자패야

理不直言, 諫非善辯, 無嫌乃及焉.
이부직언 간비선변 무혐내급언

情非彰示, 事不昭顯, 順變乃就焉.
정비창시 사불소현 순변내취언

仁堪誅君子, 義不滅小人, 仁義誠濫也.
인감주군자 의불멸소인 인의계람야

恩莫棄賢者, 威亦施奸惡, 恩威誠偏也.
은막기현자 위역시간악 은위계편야

해 설

마음까지 사로잡고 싶다면
상식을 지키자

"사람을 대할 때도 지혜가 있어야 한다." 사실 이 말은 모든 사람에게 해당하는 것이다. 그런데 보통 사회 생활을 하면서 우리는 아랫사람을 대할 때는 윗사람보다 소홀한 경향이 있다. 아랫사람이기 때문에 쉽게 굴복시킬 수 있다고 생각하기 때문이다.

대체로 윗사람은 인사고과의 권한을 갖고 있거나, 특정인에 대한 평가에서 상당히 넓은 범위의 효과를 발휘하는 영향력을 행사하기도 한다. 그래서 사람들은 윗사람이 나를 어떻게 판단할까 끊임없이 노심초사하며, 윗사람의 마

음을 얻기 위해 그의 주변이나 관심사, 취향 등을 살피고
또 살피며 신중하게 대한다.

윗사람을 향한 나 자신의 이런 사고와 태도는 아랫사람
의 마음을 함부로 짐작하는 우를 범하게 한다. 내가 그렇
게 생각한다고 해서 아랫사람도 반드시 그런 것은 아닐 것
이다. 그런데도 우리는 아랫사람 역시 윗사람인 나의 기분
을 헤아리려 노력하고 나에게 맞추기 위해 애를 쓸 것이라
는 안이한 논리로 판단한다.

상대의 진심을 얻는 법

'칠종칠금(七縱七擒)'의 고사는 너무나 유명하다. 제갈량은
일곱 번 잡았다가 일곱 번 놓아주는 방식으로 서남이(西
南夷)의 후예인 맹획의 무리를 쥐락펴락했고, 결국 그들에
게 진심 어린 항복을 받아냈다. "사람을 굴복시킬 수는 있
어도 마음까지 승복하게 하기는 어렵다." 그런데 제갈량은
물리적인 전쟁을 벌이지 않고도 승리했으며, 게다가 상대
를 마음으로부터 승복하도록 만들었다.

막강한 세력이었던 조조, 그리고 손권과 더불어 삼국 시대의 한때를 풍미했으며 당시 중원의 통일을 꿈꾸었던 촉나라와 제갈량의 입장에서 보자면, 맹획의 무리는 이민족이자 주변국에 불과했다. 그래서 아래 단계의 민족이라 업신여기고 무력으로 밀어붙일 수도 있었다. 하지만 제갈량은 그들이 진심으로 우러나와 복종할 때까지 기다려주었다. 사람을 향한 제갈량의 지혜와 인내가 영원한 내 편을 만들어낸 것이다.

"상대방이 싫어하지 않아야 목적을 달성할 수 있다." 목적만을 달성하기도 쉽지 않은데 상대방이 싫어하지 않는 방법으로 목적을 달성하기란 얼마나 어려운 일인가! 우리는 제갈량의 이 일화를 잘 알고 있지만 실천하고자 시도하지는 않는다. 방법을 몰라서가 아니다.

최근 후세 학자들에게 긍정적으로 평가받고 있는 풍도의 처세학 중 하나는 그가 '위만 쳐다보는 것이 아니라 자신과 주변 그리고 아래도 함께 살필 줄 알았다'는 점이다. 풍도는 윗사람이라고 해서 특별히 잘 보이려고 하지 않았고, 아랫사람이라고 해서 결코 소홀히 대하지 않았다.

풍도는 오랜 세월 관직에 있었으나 청렴하고 검소했다

고 알려져 있다. 후당 시절 한림학사로 일했던 풍도는 장종 이존욱을 따라 후량 토벌 군대에 있었다. 그는 문인이었지만 군인들과 짚 위에서 같이 자고 같은 식기에 밥을 먹으며 함께 지냈다. 그렇게 묵묵히 아랫사람들과 허물없이 지내는 시간이 점차 누적되어 풍도의 명성을 아래로부터 차곡차곡 쌓아 올려주었다. 그렇게 쌓은 명성은 나라가 새로 세워질 때마다 자연스레 풍도를 등용하게 하는 근거가 되었다.

풍도는 윗사람만 살피지 않았다. 윗사람과 아랫사람을 함께 살핌으로써 아랫사람에게서 쌓은 명성이 윗사람에게 가닿는 확실한 선순환을 구축한 것이다. "어진 사람에게 위엄을 보여야 하는 것처럼, 간악한 사람에게도 은혜를 베풀어야 한다." 현명한 사람이든 간악한 사람이든, 윗사람이든 아랫사람이든 일관된 자세로 행동했을 때 비로소 은혜와 위엄도 균형을 갖추게 된다. 그러면 상대방도 어느새 진심으로 마음을 열고 내게 먼저 다가오게 된다.

사람을 대할 때 필요한 지혜

어린이 수영장에서 수영 강습을 받는 아이들이 수영복으로 갈아입고 수영장으로 향하고 있었다. 앞서가는 한 아이를 향해 뒤따르던 아이가 "그 몸으로 물에는 뜨겠어?"라고 비아냥거리며 친구를 놀렸다. 사춘기 소년들의 보편적 정서를 생각하면 싸움으로 불거져 서로 얼굴을 붉히는 장면을 예상하기 쉬울 것이다. 그런데 친구의 놀림을 받은 아이는 잠시 마음을 가다듬은 후 "그래. 이제부터 수영 한번 배워보려고 해. 나는 피아노를 잘 쳐. 콩쿠르에서 대상도 타봤지. 넌 수영 정말 잘하더라. 너처럼 잘하지는 못하지만 열심히 하다 보면 언젠가 나도 잘할 수 있겠지?"라고 차분히 대답했다. 친구를 놀린 것이 부끄러워진 아이는 "잘할 수 있을 거야. 내가 수영 잘하는 방법 알려줄게"라고 다정히 말했다.

소년은 친구의 놀림에 화가 났지만 자신의 감정을 드러내지 않고 친구의 의도를 읽어낸 후 상대의 마음까지 승복하게 하여 상황을 역전시킬 수 있었다. 짧은 의사소통의 한 장면이지만 "노골적으로 드러내면 승리를 장담할 수 없고", "상대방이 싫어하지 않아야 목적을 달성할 수 있다"
는 사실을 단적으로 확인할 수 있다. 소년이 치밀어 오는
화를 이기지 못하고 자신의 감정을 온전히 다 드러내고 대
응했다면 친구로부터 당한 놀림에 더하여 굴욕이라는 상
처만 남긴 사건이 되었을 것이다.

자신 및 타인의 감정과 사고를 이해하고 그 바탕 위에
서 적절하게 행동할 수 있는 능력을 가리키는 사회지능은
《소인경》에서 말한 '사람을 대할 때 필요한 지혜'와도 일
맥상통한다. 인간관계에서 상대의 마음을 사로잡는 일은
현대 사회에서도 성공을 거두기 위한 가장 중요한 요소로
꼽힌다. 여기에는 타인의 기분을 헤아리거나 성격을 파악
하는 감수성과 공감 능력, 사람들과 잘 어울려 지내는 능
력이나 사회적 관계를 파악하고 적절하게 대응할 수 있는
기술, 사회적 문제를 파악하고 문제 해결 방법을 제안할
수 있는 지식과 지혜 등이 모두 포함된다.

IQ가 높은 사람이 탁월한 성적으로 학업을 마치고 큰 성
과를 내 사회·경제적으로 높은 지위에 쉽게 오를 수 있을
지는 모르지만, 그 지위를 끝까지 유지하기 위해서는 EQ
와 SQ까지 아우르는 사회적 통찰력 또한 필요하다.

잘하면 상을 주고
못하면 벌을 준다

《전국책(戰國策)》에 '사무반배지심(士無反北之心)'이라는 말이 있다. 이 말은 원래 어떤 상황에서도 배반할 리 없는 군사들을 거느린 장수의 이야기에서 나왔으나, 이후에는 선비라면 모름지기 신의를 배반할 마음을 품지 말아야 한다는 뜻으로 자주 쓰인다.

신의에 대한 배반에도 여러 종류가 있겠지만 그중 은혜를 저버리는 일만큼은 어떠한 변명으로도 용납되기 어렵다. 베풀어준 은혜에 보답은커녕 은혜를 원수로 갚는다는 뜻의 '배은망덕(背恩忘德)'을 중국어에서는 '망은부의(忘恩負義)'라는 말로 달리 표현한다. 양국 모두 은혜를 잊는 행동을 배반으로 규정하지만, 한국에서는 덕(德)을 잊는 것으로, 중국에서는 의(義)를 등진 행위로 간주하는 점이 흥미롭다.

천하를 얻고 다스리는 법이 총망라되어 있는 전략서의 최고봉인 《소서(素書)》에서는 이렇게 말한다.

"덕(德)이란 사람이 도를 따름으로써 얻는 것이며 만물이 제각기 바라는 바를 얻게 해준다. 의(義)란 사람이 마땅히 행해야 하는 것이다. 선한 것에는 상을 주고 악한 것에는 벌을 줌으로써 공을 세우고 일을 이루게 한다."

덕은 인간으로서 갖추어야 하는 됨됨이이자 바람직한 행실을 의미한다. 행동 없이 마음뿐인 덕도 없고, 마음은 없는데 실천할 수 있는 덕도 없다. 몸과 마음을 모두 닦는 것이 덕이며, 덕을 올바로 실천하는 가장 바람직한 방법이 의이다.

의란 옳고 그름을 가리는 기준이자 사람의 삶에 필요한 구체적인 지침이다. 공정하게 분배하는 일은 사람으로서 지키고 행해야 할 마땅한 도리 가운데 반드시 포함된다. 잘하면 상을 주고 잘못하면 벌을 주는 가장 기본적인 원칙이 일관적으로 실행되지 않는다면, 사람들에게는 공을 세우고자 하는 의지도, 성과를 거두고자 하는 동기도 절대 생기지 않을 것이다. 결국 은혜를 저버리는 일은 덕을 잊고 의를 등지는 것과 결코 다르지 않다.

부덕과 불의의 충돌

옛날에 고아가 된 한 아이가 너무도 배가 고파서 부잣집에 밥 동냥을 갔다. 아이를 불쌍히 여긴 부잣집 부부는 아이에게 자신의 집에서 지내면서 농사일을 배우라고 제안했다. 세월이 흘러 아이는 청년이 되었고 부부의 보살핌을 받아 결혼을 하고 가정까지 이루었다. 그러던 어느 날 청년이 주인에게 요구했다.

"제가 어릴 적부터 이 집에서 머슴살이 한 품값을 계산해주십시오."

주인은 화가 나 호통을 쳤다.

"배은망덕도 유분수지, 갈 데 없는 놈을 거둬다가 먹여주고 재워주며 농사까지 가르쳤더니 이제는 품삯을 달라고 하는구나. 은혜도 모르는 놈, 썩 이 집에서 나가거라."

사실 자식이 없었던 부부는 이 청년에게 재산까지 물려줄 생각이었다. 그런데 청년의 과한 욕심 때문에 청년과 그의 가족들은 그날로 부잣집에서 쫓겨나고 말았다.

먹고 사는 것이 가장 시급했던 과거에 새 식구를 들인다는 것은 흔하지도 쉽지도 않은 일이다. 스스로 생명을 보존할 방법이나 능력이 전혀 없는 어린 고아에게 부부는 그야말로 생명의 은인이었을 것이다. 부부는 그 아이를 제 자식처럼 거두고 길렀으며 가족이라는 이름으로 긴 시간을 함께했다. 그 옛날 농사는 가족 공동의 몫이었다. 어른 아이 할 것 없이 노동에 투입되는 것은 당연한 일이다. 노동의 대가를 바라거나 지불하는 가족의 형태는 상상할 수 없다. 시퍼렇게 살아 있는 부모에게 미리 유산을 내놓으라고 생떼를 부리는 것은 천륜을 어기는 일이다. 천애고아를 거둬서 입히고 먹였더니 이제까지의 품삯을 모두 계산해 달라니, 그때 부부가 느꼈을 배신감이 어떠했을지 가히 짐작할 수 있다.

어쩌면 청년은 계속된 노동에 지쳤을지 모른다. 자신의 가족과 독립된 생활을 하고 싶었을지 모른다. 불확실한 미래에 불안감을 느꼈을 수도 있고, 또 어쩌면 자신의 노동이 부당하거나 부부의 대우가 가혹하다고 생각했을지도 모른다. 전적으로 청년의 입장에서 이해해보자면, 부부는 노동력을 얻기 위해 아이를 거두었고, 청년은 나이 든 부부를 봉양하기 위해 제 나름대로 힘써온 것이라고도 볼 수 있다.

그런 관점에서는 부부가 베푼 것도 은혜이고, 청년이 힘쓴 것도 은혜이다. 부부의 입장에서 청년은 배은망덕하고 청년의 입장에서 부부는 망은배의하다. 부덕(不德)과 불의(不義)가 충돌하는 순간이다.

청년이 요구한 것은 평생 머슴살이를 한 품삯이었다. 부부에게 청년은 가족이었을지 모르지만, 청년에게 부부는 가족이 아니라 주인이었던 모양이다. 만약 부부가 생각했던 것처럼 청년도 그들과 한 가족이라고 생각했다면, 재산까지 물려주고자 한 부부의 마음을 헤아릴 수 있었다면, 적어도 베풀어준 덕을 잊고 은혜를 저버리는 용서받지 못할 짓은 저지르지 않았을 것이다.

부부가 바란 것은 가족이었다. 자식이 없는 부부는 천애고아를 먹이고 입히면서 그 자체로 부모 노릇을 다했다고 생각했을지 모른다. 하지만 그 마음이 온전히 전달되지는 못했기에 청년은 그들을 그저 고용인으로 여겼을 것이다. 만약 부부가 훗날 청년에게 유산까지 물려줄 계획을 가지고 있다는 것을 미리 알았더라면, 청년이 이제까지의 품삯을 요구하는 일은 없었을 것이기 때문이다. 부부가 먼 훗날 청년을 양자로 삼겠다는 마음으로 현재를 상쇄하는 대신 자신들의 생각과 계획을 구체적으로 표현해주었더라면 어땠을까.

인간에게는
감정적 유대가 필요하다

자라나는 세대들의 교우관계 변화와 소통의 부재가 점점 더 심각한 사회적 문제로 부상하고 있다. 사람과 사람이 직접 접촉하고 소통하는 방식에 익숙하지 않은 아이들은 미디어를 통한 소통을 더욱 선호하거나 아예 대인 기피 성향을 띠기도 한다. 친구들과 어울려 놀면서 자연스럽게 인간관계를 형성하고 사회를 이해하는 것은 이제 더 이상 '자연'스럽지만은 않은 일이 되었다.

오늘날 아이들은 놀이터에서보다 학원에서 더 많은 시간을 보낸다. 교우관계는 첨예해지는 경쟁관계로 점철되고 우정까지 등급화하는 성과주의의 극단으로 치닫기도 한다. 성과주의는 기업뿐 아니라 모든 사회의 치열한 대립 구조를 전방위적으로 강화해왔으며, 그 결과 청년들을

'N포 세대'로 규정하는 유행어들이 범람하기 시작했다. 이 명명법에 따르면, 청년 세대가 포기한 것에는 집과 같은 물질적인 삶의 필요조건도 있지만 연애, 결혼, 출산, 우정을 비롯한 다양한 인간관계에서 기인하는 비물질적인 필요조건이 훨씬 더 많다.

"일이 힘든 것이 아니라 사람이 힘든 것이다"라는 말이 있다. 일은 아무리 힘들어도 인력과 시간이 확보되면 어떻게든 해낼 수 있다. 그러나 인간관계는 한번 엉클어지면 회복하기 어려운 경우가 많다. 우리는 어지러워진 인간관계가 결국 업무나 직업 자체에까지 영향을 끼치는 경우를 주변에서 어렵지 않게 찾아볼 수 있다. 사회적 생존을 위해 전반적인 인간관계를 포기했다는 의미를 담고 있는 'N포 세대'라는 용어는 사람이 이와 같이 친밀한 감정적 유대에 얼마나 의지하면서 사는지를 역설적으로 강조한다.

어떤 일에 종사하는 사람이든 기본적으로 대부분의 사무는 다른 사람과의 관계를 통해서 이루어진다. 전적으로 인맥에 의존하는 일이 아니더라도 인재 채용 과정에서 그 사람에 대한 주변 평판을 확인하는 작업은 불가피하다. 일은 관련된 사람들과의 협업을 통해 이루어지는 것이기 때문이다. 그러므로 사람을 대할 때의 적절한 태도는 모든 업무뿐 아니라 처세의 기본으로 간주된다.

인간관계에는
수많은 가치의 선이 얽혀 있다

인정을 내세워야 할 때가 있다면 원칙을 강조해야 할 때가 있다. 관대하게 품어야 할 때가 있고 확실하게 따져야 할 때가 있다. 사람마다 성격과 취향이 다르고 장단점에도 차이가 있으므로 너그럽게 대하거나 엄하게 대하는 정도도 다를 수밖에 없다. 분명한 기준이 있더라도 실제로 적용할 때는 구체적인 상황을 고려해야만 한다. 변수가 있더라도 상수에 따라 늘 일정한 답이 구해지는 수학 문제와는 달리, 사람 사이의 균형은 하나의 직선을 정확하게 절반으로 나누는 지점에서 이루어지는 것이 아닐 때도 있다. 인간관계는 그래서 어렵다는 말을 듣는다.

사실 인간관계에도 수많은 가치의 선들이 있다. 나의 선과 상대의 선, 사적인 선과 공적인 선 등이 그렇다. 그렇다면 혹시 이 수많은 선들 사이의 균형점이 우리가 말하는 '상식'이 아닐까. 상식은 사회의 구성원이 공유하는 당연한 것으로 여기는 가치관, 일반적인 견문, 이해력, 판단력, 사리 분별을 말한다. 상식에서 중요한 것은 그것이 '공유 가치'라는 점이다. 공유되는 것이기에 공유하는 사람들이 달라지면 상식도 달라진다. 만 명의 사람들에게는 만 개의 가치가 존재할 수도 있다. 그 가치들의 교집합이 우리 사회가 인준하는 상식이 될 것이다.

데카르트는 이렇게 말했다.

> "상식이야말로 세상에서 가장 잘 팔리는 상품이다. 왜냐하면 모든 인간은 스스로를 '상식이 잘 갖춰진 사람'이라고 확신하기 때문이다."

이 말은 모든 사람이 자신의 가치가 바로 상식이라고 여긴다는 점을 강조한다. 자신의 가치가 곧 공유 가치라는 착각은 서로 다른 상식의 선을 가진 사람들 사이에서 의견 충돌을 불러온다. 따라서 데카르트의 말은 역설적으로 내 상식만이 절대적인 가치가 아니라는 점을 다시 한 번 인식시켜준다. 상식이란 각각의 가치가 공유되면서 찾아가는 균형점에 위치한다는 사실을 염두에 둔다면, 남의 마음을 사로잡지는 못할지라도 그 마음 밖으로 밀려나지는 않을 것이다.

인정을 내세워야 할 때가 있고
원칙을 강조해야 할 때가 있다.

10장

꿰뚫어 장악하는 법

揣
知

췌지
揣知

잘 살피고 잘 헤아리면 남의 마음까지 알 수 있다. 사람을 알
면 두려울 것이 없고, 마음을 알면 무엇이든 해낼 수 있다.

아는 것은 남에게 드러내지 말아야 한다. 남에게 드러내면
화가 될 뿐이다. 내가 아는 것을 드러내지 않고 헤아릴 수
있다면, 남이 꺼리는 문제까지 해결할 수 있다.

군자는 작은 일에는 의구심을 품지만 큰일에는 의구심을
품지 않으며, 소인은 가까운 일을 걱정할 뿐 멀리 있는 일
은 걱정하지 않는다.

미심쩍을 때는 의구심을 품어야 한다. 그래야 진위를 분별
할 수 있다. 귀한 사람과 가까이하면서 인연을 맺어야 한
다. 그래야 재앙과 화를 피할 수 있다.

주변 사람들과 교류하면서 상황을 살피면 알지 못할 것이 없다. 위험하고 어려운 상황에 빠뜨려 절망에 빠지게 하면 무너뜨리지 못할 사람이 없다.

揣知 卷十
췌지 권십

善察者知人, 善思者知心.
선찰자지인 선사자지심

知人不懼, 知心堪御.
지인불구 지심감어

知不示人, 示人者禍也.
지불시인 시인자화야

密而測之, 人忌處解矣.
밀이측지 인기처해의

君子惑於微, 不惑於大,
군자혹어미 불혹어대

小人慮於近, 不慮於遠.
소인려어근 불려어원

設疑而惑, 眞僞可鑑焉.
설의이혹 진위가감언

附貴而緣, 殃禍可避焉.
부귀이연 앙화가피언

結左右以觀情, 無不知也.
결좌우이관정 무부지야

置險難以絶念, 無不破哉.
치험난이절념 무불파재

통찰의 지혜를 얻으려면
잘 살피고 헤아려야 한다

풍도가 모신 군주는 꽤 여러 명이었지만 공직자이자 신하
로서 풍도가 전성기를 보냈던 시절을 꼽으라면 아마도 이
사원을 모실 때가 아닐까 싶다. 후당의 2대 황제인 명종
이사원은 비록 이순(耳順)의 늦은 나이에 즉위했지만, 단명
국가가 난립하던 오대십국 시기에 8년이라는 비교적 오
랜 기간 동안 나라를 통치하며 치세를 누렸다.

　풍도가 살았던 오대십국은 전란이 그칠 줄 모르는 어지
러운 시절이었다. 그가 재상을 지냈던 20여 년이 항상 태
평성대였을 리는 없지만, 그중 이사원이 통치했던 8년은

비교적 긍정적인 평가를 받는다. 이사원은 무관 출신으로 학문에 조예가 깊은 편은 아니었지만 늘 책을 가까이하려고 애썼고 신하들의 간언에도 겸허히 귀를 기울였다. 온건한 성품으로 중도를 지키면서도 결정적인 순간에는 과감하게 결단하는 능력을 갖추고 있었다. 그리고 무엇보다 백성을 아꼈다.

귀한 사람과 인연을 맺어야
재앙을 피할 수 있다

하루는 이사원이 물었다.

"올해는 풍작인데, 백성들은 구제되고 있는가?"

풍도가 대답했다.

"농민들은 흉년에는 쌀값이 너무 올라 굶어 죽고, 풍년에는 쌀값이 너무 내려 손해를 입습니다. 흉년이든 풍년이든 모두 병이 된다는 말은 농부에게 정말 꼭 맞는 말입니다."

그러면서 풍도는 이사원에게 섭이중(聶夷中)의 〈애달픈

농가의 삶〉을 읊어 들려주었다.

二月賣新絲(이월매신사) 이월에 비단실을 팔아

五月糶新穀(오월조신곡) 오월에 곡식을 사네.

醫得眼前瘡(의득안전창) 눈앞의 부스럼을 고치자고

剜却心頭肉(완각심두육) 심장을 도려내는 격일세.

我願君王心(아원군왕심) 바라노니 군왕의 마음이

化作光明燭(화작광명촉) 밝게 비추는 불빛처럼 되기를.

不照綺羅筵(부조기라연) 비단으로 장식한 연회 자리만 비추
지 말고

徧照逃亡屋(편조도망옥) 버리고 달아난 백성의 집도 두루
비추기를.

시를 다 듣고는 이사원이 말했다.

"시가 매우 좋구나."

이사원은 옆 사람에게 이 시를 베껴 쓰게 하고 때때로
읊조렸다고 한다. 군주가 가장 힘없는 민초의 고통을 잊지
않기를 바라는 풍도의 마음이 이사원에게 닿은 것이다. 이
사원도 풍도도 서로의 마음을 헤아렸기에 그 시대가 태평

성대로 일컬어졌음은 물론이다.

이사원은 풍도를 재상으로 삼는 한편 황제의 고문이라고 할 수 있는 단명전 대학사로도 임명했다. 그는 잠시라도 짬이 나면 풍도를 찾아와 치국의 도리와 방법에 대해 수시로 물었다. 이사원은 풍도보다 나이가 많았고 풍도를 신하로 둔 황제이기도 했지만 그에게 한족의 문화를 전수받고자 노력했으며 또한 배우고 익히기를 게을리하지 않았다. 삶에서 연륜과 권력을 모두 가진 궁극의 일인자였던 셈이다.

항상 겸손한 자세로 자신보다 어리기도 하고 신하이기도 한 풍도에게 배움을 구했다는 것은 보통 군주로서는 하기 어려운 행동이었을 것이다. 풍도의 입장에서 유추해보면, 노력하는 학생을 가르치는 선생으로서의 묘미와 군주를 보좌하여 치국평천하를 달성하는 성취감을 제대로 맛보지 않았을까!

풍도는 연장자이자 군주인 이사원이 성심으로 가르침을 청하고 성의를 다해 그 배움을 실천하려는 모습을 실시간으로 관찰했을 터이다. 그러한 군주와 늘 함께할 수 있었으니 풍도의 충성심은 저절로 우러나고, 학자로서의 식견

역시 아낌없이 제공했을 것이다. 난세에 난세를 거듭하던 시대에 짧게나마 후당이 태평성대를 구가할 수 있었던 이유는 이사원과 풍도의 팀워크가 일궈낸 시너지 효과 덕분이었다.

"귀한 사람과 가까이하면서 인연을 맺어야 한다. 그래야 재앙과 화를 피할 수 있다." 그런데 귀한 사람이란 누구인가? 이름과 실질은 규정하고 부르기 나름이라는 《소인경》의 거시적인 관점에서 보자면, 귀하고 천한 것 역시 어떻게 불리느냐에 따라 그 본질과 범위가 달라지기 마련이다. 이사원은 신하인 풍도를 귀한 사람으로 대우했고, 풍도 역시 황제인 이사원에게 진정 어린 조언과 가르침을 아끼지 않았다. 그들은 상대를 귀한 사람으로 대함으로써 오히려 자신이 귀해지는 '윈-윈(win-win)' 효과를 톡톡히 보았다. 풍도는 자신을 귀하게 대해준 이사원을 만나 문인이자 신하로서 자신의 식견을 최고로 발전시켰던 황금기를 만들었고, 그 경험과 노하우가 《소인경》 집필의 토대가 되었을 것이다.

이사원이 세상을 떠나자 후당의 치세는 서서히 기울기 시작했다. 이사원의 친아들인 이종후가 뒤이어 권좌를 물려받았다. 풍도는 여전히 재상의 자리에 있었지만 황제와 재상의 관계는 더 이상 돈독하지 않았다.

약관의 나이에 군주의 자리에 오른 이종후는 아버지 이사원에 비해 학문도 경험도 턱없이 부족했지만 풍도에게 조언을 구하지 않았다. 역사서에는 이종후가 본래는 관대한 성품이었는데, 제왕이 되자 자리를 지키기 위해 전전긍긍하는 성격으로 변했다고 적혀 있다. 이종후는 이사원의 양자였던 이종가가 제위를 탐할까 노심초사했다. 그래서 이종가를 신하로 품는 대신 좌천시켜 부임지를 이리저리 옮기도록 만들었다가 결국 반란의 빌미를 제공하고 만다. 이종가를 제압하기 위해 보냈던 토벌대가 오히려 이종후를 공격했다고 하니 황제로서 이종후의 입지와 성품이 어느 정도였는지 충분히 짐작할 수 있겠다. 그렇게 이사원의 양자였던 이종가는 이사원의 친아들 이종후를 죽이고 후당의 다음 황제가 된다. 풍도는 이종가를 황제로 추대한다는 문서를 작성하게 한 뒤, 문무백관을 거느리고 직접 이종가를 맞아들였다.

"주변 사람들과 교류하면서 상황을 살피면 알지 못할 것이 없다"고 했다. 그러나 이종후는 주변 사람들과 교류하지 않았다. 그래서 상황을 살필 안목을 얻지 못했고, 불과 6개월여 동안 제위에 머문 기록을 남김으로써 오대십국의 단명한 황제 중 하나가 되었다.

상황을 살피고 헤아리면
얻지 못할 것이 없다

알기 힘든 것이 사람의 마음이라지만 풍도는 "잘 살피고 잘 헤아리면 남의 마음까지 알 수 있다"고 말한다. 이 장의 제목인 '췌지(揣知)'는 보통 '미루어 헤아려서 안다'는 뜻으로 풀이된다. 헤아릴 췌(揣)는 원래 '무게나 크기 등을 측량하다'는 의미로 사용되었다가 후에 '헤아리다, 추측하다'에서 '시험하고 탐색하다'라는 뜻으로 파생되었고, 가장 마지막에는 '감추다' '장악하다' '움켜쥐다'라는 의미로까지 확장되었다.

궁극적으로 '췌지'란 상대의 마음을 꿰뚫어 간파한다는 뜻이다. 대충 어림잡아 미루어 짐작하는 것이 아니라 저울로 달아보듯 정확하게 마음을 헤아려 파악한다는 의미로도 읽히는 말이다. '췌(揣)'라는 글자는 풍도의 이러한 생각을 표현하는 데 더할 나위가 없다.

왜 사람의 마음을 알아야 하는가. 남의 마음을 헤아려 얻을 수 있는 것은 무엇인가. 풍도는 사람의 마음을 얻는다면 무엇을 원하든 다 해낼 수 있다고 말한다. 이러한 그의 생각은 '감어(堪御)'라는 단어로 집약된다. '어(御)'의 가장 기본 의미는 '다스리다'이지만 이외에 '마부'라는 뜻도 가지고 있다. 마부가 말을 부리듯 제압하고 길들이고 통솔하면서 자신이 마음먹은 대로 상황을 주도해나가는 모습을 상상하게 한다. 그런데 '어(御)'에는 '시중들다'라는 전혀 반대의 뜻도 있음에 주의할 필요가 있다. 고삐를 쥔 채 마차를 달리게도 하고 마차에 탄 주인을 섬기기도 하는 마부의 양면적인 성격은 천자와 백성 사이에서 중간자 역할을 담당했던 풍도를 연상시키기에 충분하다.

저울 양쪽의 수평을 맞췄을 때 비로소 무게를 잴 수 있는 것처럼 풍도는 균형을 중시했다. 상대의 마음을 헤아릴 수 있어야만 자신의 마음도 전할 수 있다고 생각했고 또 그렇게 실천했다. 뜻을 펼치고자 할 때는 자신의 의견만 주장하는 것이 아니라 타인의 말에 충분히 귀 기울였고 타인의 마음도 넉넉히 보듬으면서 타진해나갔다. 천자와 백성 사이의 충직한 마부였던 풍도는 중원과 거란 사이의 교량이기도 했으며, 저물어가는 왕조와 새로 세워지는 왕조 사이의 연결고리이기도 했다. 이질적인 양자를 중재하고 조율했던 풍도의 매개자로서의 태도는 서로 다른 타자들의 의견을 살피며 조화를 이루어야 하는 모든 시기와 장소에서 여전히 유효하다.

살면서 필요한 지혜는
사람에게서 온다

"인사(人事)가 만사(萬事)"라고 한다. 모든 일에서 그 일을 맡을 적임자를 선택해 그에 합당하게 대우하며 일을 하도록 하면 모든 것들이 다 순조롭게 이루어진다는 뜻이다. 그래서 고대로부터 인재의 선별과 교육, 선택과 활용은 용인(用人)이라는 이름으로 국가의 대계뿐 아니라 모든 일의 기초로 여겨졌다. 선별과 선택은 세심하고 예리한 관찰력에 기초한 명료한 감식안을 필요로 한다. 관찰력과 감식안은 만물을 이해하는 데 있어서 무엇보다 중요하다. 사람의 마음을 헤아리는 데 있어서는 더 말할 필요도 없다.

우리가 살아가는 데 필요한 모든 지혜는 결국 사람에게서 온다. 인간과 그 문화를 연구하는 인문학이든, 인간을 둘러싼 세계를 탐구 대상으로 삼는 자연과학이든, 인간의 모든 지혜는 인간의, 인간에 의한, 인간을 위한 통찰에서 오는 것이다. 대상을 객관적으로 탐구하는 것이 자연과학적인 방식이라면, 마음을 헤아리는 것은 인간을 이해하는 가장 기본적인 방식이다.

사람은 누구나 자신을 중심으로 생각한다. 고대 그리스어로 '배꼽'을 의미하는 옴파로스는 세상의 중심을 가리키는 말로 고대의 종교적인 유물이나 성스러운 예배의 장소가 위치하는 곳이었다. 흥미로운 것은 고대 세계에 이 '세상의 중심'이 수없이 많은 곳에 존재했다는 사실이다. 그리스인에게는 그리스인의 옴파로스가, 로마인에게는 로마인의 옴파로스가 있다.

사람들은 언제나 자기 자신이 있는 곳을 세상의 중심이라 여기고 자신의 척도를 절대적인 가치 기준으로 삼는다. 누구에게나 자신의 우주가 있다. '내 우주의 중심이 나'라는 사실을 의식하고, 내가 아닌 다른 누군가에게도 그의 우주가 있다는 사실을 의식하는 것이야말로 통찰의 지혜를 얻기 위한 출발점이 아닐까.

　작은 일 하나라도 세세하게 살펴서 문제의 가능성을 없애고, 한 사람 한 사람과의 관계에서 적절한 균형을 찾으며, 그 관계 속에서 교류하며 상황을 살핀다면, 심각한 위험을 피할 수 있고 다가오는 위기에 적절히 대처할 수 있다. 어려움에 빠졌을 때는 필요한 도움을 청하며, 요청을 거절당했을 때도 당황하지 않고 다른 대안을 구할 수 있다면 위기 상황에서도 자신을 보존할 수 있을 것이다.

소인의 마음으로 살면서
소인이 되어라

"군자는 작은 일에는 의구심을 품지만 큰일에는 의구심을 품지 않으며, 소인은 가까운 일을 걱정할 뿐 멀리 있는 일은 걱정하지 않는다."《소인경》에서는 사람의 마음을 살피는 데 있어서 군자와 소인의 근본적인 차이를 이렇게 짚

어주고 있다. 군자의 삶에서 대의를 향한 궁극적인 목표나 이상은 확고한 것이므로 흔들릴 여지가 없다. 그러나 실천 과정에서 자신의 선택이 과연 대의에 부합하는 것인가는 늘 삼가 살필 수밖에 없다. 작은 일에는 의구심을 품지만 큰일에는 의구심을 품지 않는다는 것은 그런 의미이다.

소인에게는 자신의 안위와 이익을 미리 살피고 위험한 일을 피하는 것이 무엇보다 시급하고 중요하다. 나와 상관없이 멀리 있는 일, 너무 커서 개인이 해결할 수 없는 일, 아직 일어나지 않아서 영향이 없는 일을 미리 내다보고 걱정하지 않는다. 소인의 마음에 의로움은 목숨을 담보하여 지켜내야 할 사명으로 담기지 않는다.

'살신성인(殺身成仁)'이라는 말이 있다. '내 몸을 죽여서라도 인을 이루고자 한다'는 뜻으로 개인의 희생을 통해서 대의를 이루려는 군자의 지향을 표현하는 말이다. 맹자는 생명과 인의의 가치를 논했다. 삶도 바라고 의도 바라는 것이지만 두 가지 모두를 얻을 수 없다면 차라리 삶을 버리고 의를 취하겠다고 했다. 제 목숨을 버리고 싶어 하는 사람은 없겠지만 의를 저버리느니 차라리 죽음을 선택하고자 하는 것이 군자의 마음인 것이다.

그런데 소인은 왜 작은 것만 살피고 큰일은 걱정하지 않을까. 김수영의 시 중에 이런 구절이 있다. "왜 나는 조그마한 일에만 분개하는가." 사소한 일에 목숨을 거는 것은 그 사소함이 눈에 든 티끌이나 손톱 밑의 가시처럼 우리의 일상을 껄끄럽고 불편하게 만들기 때문이다. 멀리 있는 문제는 당장의 삶에 영향을 미치지 않는다.

군자에게 대의가 있다면 소인에게는 소의가 있다. 사람들 앞에 나서서 큰일을 도맡기에는 부족한 사람이라도 자신의 삶에 존재하는 자잘한 원칙들은 지키고 싶어 한다. 작고 만만한 일들이 우선이기에 그 부당함이나 부조리에는 화를 낼 수밖에 없다. 모두가 오른쪽으로 갈 때 왼쪽으로 가는 사람이 있으면 통행이 불편해지는 것은 사실이다. 쪼잔하고 지질하게 보일지라도, 일상의 자잘한 규칙들을 지키지 않는 행위는 평화로운 하루를 파괴할 수 있다. 평온한 일상이 지켜지기를 바라는 마음은 지극히 온당하고 당연하다.

상대를 잘 살피고 헤아리면 그의 마음까지 알게 되고 못해낼 것이 없다고 한다. 군자로 불릴 수 있는 사람은 매우 드물다. 우리 자신을 포함하여 대부분의 사람들은 소인이다. 그래서 우리가 더 잘 살피고 알아야 할 것은 오히려 소인인 것이다. '사람을 알면 두려울 것이 없고, 마음을 알면 무엇이든 해낼 수 있다'는 말은 우리가 그 안에서 살아가기 때문이다. 소인의 행동을 잘 살필 때 그 마음을 헤아릴 수 있고, 그 마음을 헤아릴 때 화도 복으로 바꿀 수 있다.

나를 내세우지 않고 남을 헤아려서 얻는 것은 나의 문제뿐 아니라 남의 문제, 나아가 우리의 문제를 해결하는 해법이다. 이것은 사실 복잡한 인간관계 속에서 살아가는 현실의 우리가 실제로 한 번쯤은 시도해본 적이 있는 방식이기도 하다. 나를 괴롭히는 사람이 있다면, 그에게 자신을 위해 해결할 문제를 던져주는 것도 하나의 방법이다.

주변 사람들과 교류하며 상황을 살피면 유리하고, 혼자서 고립되어 알지 못하면 위험하다. 상대가 위험한 처지에 있고 나는 안전한 곳에 있다면 이기지 못할 리가 없다. 소인의 마음으로 살면서 소인이 되는 것이야말로 풍도가 말한 생존의 법칙이다. 강한 자가 살아남는 것이 아니라, 살아남는 자가 강한 것이다.

함께 읽으면 좋은 책

책과이음 · 문헌재 · 무아의계절

거스르지 않는다 · 문이원 지음 | 264쪽
삼국시대 최고의 전략가 제갈량의 《장원(將苑)》 읽기

주체적으로 산다 · 임홍태 지음 | 312쪽
혼탁한 시대의 빛이 된 왕양명의 사상 《전습록(傳習錄)》 읽기

나의 첫 한문 수업 · 임자헌 지음 | 240쪽
고전으로 세상을 잇는 한문번역가의 종횡무진 공부 편력기

삶에서 앎으로 앎에서 삶으로 · 문현선 지음 | 240쪽
동양고전에 깃든 옛사람의 말씀을 통해 돌아보는 공부의 의미

나의 첫 죽음학 수업 · 문현공 지음 | 220쪽
소소하고 평범한 일상에서 길어 올린 죽음학 입문서

한시의 맛(전3권) · 성기옥 지음 | 536·344·384쪽
올바른 한시(漢詩)를 짓기 위한 가장 친절한 작법 안내서

소인경 · 최영희 외 지음 | 232쪽
오대십국 시대의 재상 풍도에게 배우는 난세를 살아가는 지혜

내 몸 내가 고쳐 쓴다(전3권) · 이경원 지음 | 600·332·1024쪽
자연의학 전문가 이경원 박사가 집대성한 자연의학의 모든 것

우아한 인생 · 저우다신 지음 | 464쪽
고령화사회의 각종 문제를 사실적으로 파헤친 장편소설

암시 · 한사오궁 지음 | 520쪽
중국 현대문학의 거장 한사오궁의 실험적 장편소설

다행한 불행 · 김설 지음 | 252쪽
부서지는 생의 조각으로 쌓아 올린 단단한 평온

집이라는 그리운 말 · 미진 지음 | 240쪽
집이라는 공간에 담아낸 내밀한 기쁨과 그리움

나는 왜 엄마가 힘들까 · 썸머 지음 | 260쪽
가정학대 생존자 썸머의 본격 나르시시스트 탈출 지도

소인경

1쇄 발행 2024년 2월 16일

지은이 최영희 박지영 문현선 문영희

펴낸곳 문헌재
출판등록 2018년 1월 11일 제395-2018-000010호
대표전화 0505-099-0411 **팩스** 0505-099-0826
이메일 bookconnector@naver.com
Facebook · Blog /bookconnector
Instagram @book_connector
독자교정 이하은 이현정

ⓒ 최영희 외, 2024

ISBN 979-11-90365-59-8 94100

문헌재(文憲齋)는 정연한 배움을 추구하는
책과이음의 동양철학·학술 전문 출판 브랜드입니다.